湛庐CHEERS

与最聪明的人共同进化

HERE COMES EVERYBODY

CHEERS
湛庐

当存钱罐爱上购物车

Tightwads and Spendthrifts

[美] 斯科特·瑞克 Scott Rick 著　阳晓霞 译

Written with love for tightwads, spendthrifts, and everyone in between. ♥

Scott Rick

浙江科学技术出版社 · 杭州

什么样的消费观更有助于亲密关系的建立?

扫码加入书架
领取阅读激励

扫码获取全部测试题及答案，
一起了解新一代婚恋关系中
的财务决策指南

- 在送礼时，直接询问伴侣想要什么礼物是最好的方式吗?

  A. 是

  B. 否

- 在“家庭度假应该花费多少”的讨论中，更应该听从哪方的意见？（单选题）

  A. 吝啬一方

  B. 挥霍一方

  C. 孩子一方

  D. 折中后的花费方案

- 关于婚姻中的银行账户结构，以下哪个说法是正确的?（单选题）

  A. 所有夫妻都应该使用联名账户

  B. 个人账户一定比联名账户更有利于夫妻关系

  C. 只使用联名账户的伴侣关系满意度更高

  D. 银行账户结构对夫妻关系没有任何影响

扫描左侧二维码查看本书更多测试题

财富与亲密关系的平衡之道

王冠亚
私募基金经理，《我读巴芒：永恒的价值》作者

刚拿到《当存钱罐爱上购物车》的预读版时，我立刻被这个惊艳的书名吸引住了。英文版书名 *Tightwads and Spendthrifts* 如果直译的话，是“吝啬鬼与挥霍者”，听起来平平无奇。中文版书名则别出心裁，用“存钱罐”和“购物车”这两个意象分别指代“吝啬鬼”和“挥霍者”，同时以“爱”为媒，巧妙地解释了这本书的主题：如何把握金钱与亲密关系的平衡之道。如此画龙点睛般的语言艺术，提纲挈领式的归纳能力，令人拍案叫绝。

存钱罐和购物车都应遵循适度的原则

说到存钱罐的形象，中国和世界文学名著都有这样的人物

典型，比如说葛朗台、严监生等。严监生是清代作家吴敬梓《儒林外史》中的人物，虽然拥有十万两银子的家产，却极度吝啬。严监生临死前，见灯盏内点着两根灯草，恐耗油过多，迟迟不肯断气。直至其妾挑掉其中一根，严监生才点头咽气。生而为人，居然可以吝啬到这种程度，读来不禁令人愕然。

说到购物车的形象，我所在的基金行业倒是很常见。无论是《门口的野蛮人》，还是《亿万》，这些纪实文学提到的很多私募股权机构的“大佬”，指点江山，激扬文字，动辄就是上亿美元的交易。与此同时，他们也过着纸醉金迷、挥金如土的生活。比如赛克资本的史蒂文·科恩（Steven Cohen），单单是为了毕加索的一幅画，就豪掷了 1.55 亿美元。可是，不断用金钱去填补自己的物欲，真的会幸福么？

在我看来，存钱罐和购物车是消费观（乃至价值观）的两种极端体现。存钱罐拼命克制自己的物欲，为的是积攒更多的财富；购物车大肆放纵自己的物欲，为的是满足更多的快感。然而，过犹不及，凡事都应遵循适度的原则。

保持良好亲密关系的“16 字决”消费观

当然，吝啬也好，挥霍也罢，本质上都是个人的消费习惯。虽不提倡，但外人也无可指摘。不过，吝啬和挥霍这两种风格迥异的消费习惯，在一种情况下会发生严重的冲突，那就是亲密关系。

假如有这么一对夫妻，小芳生性吝啬，惜钱如命；小华挥霍无度，一掷千金。那么在很多生活场景中，两人会存在难以调和的矛盾。比如，加班时困意来袭，小华买了一杯咖啡，小芳会觉得是“拿铁因子”；再比如，盛夏时酷热难当，小芳却舍不得开空调，小华会觉得是“没苦硬吃”……久而久之，夫妻俩的相处就会越来越累，两人的关系也会渐行渐远。

如何解决这一难题呢？《当存钱罐爱上购物车》给出了作者的思考与答案。这本书剖析了存钱罐和购物车这两种人的心智大脑，给他们提供了消费建议，解释了金钱可能成为亲密关系之“杀手”的原因，解读了夫妻之间互送礼物的秘密语言，提出了增进亲密感的 36 个问题，旨在阐明这样一个观点：结婚不是为了金钱，不是为了爱情，而是为了幸福。

对于作者的观点，我深表赞同。结婚未必是好事，离婚也未必是坏事。如果两个人彼此消耗，那就不如一别两宽；如果两个人相互滋养，双方都能感受到满满的幸福，这才是婚姻的价值。那么问题来了：当两个人的消费习惯截然相反时，还有没有调整和挽回的余地呢?

在我看来，如果有一把关于消费习惯的标尺——标尺的最左端是吝啬，最右端是挥霍，那么，“吝啬”稍微往右靠一靠，就会变成“节俭”;“挥霍”稍微往左靠一靠，就会变成“大方”。吝啬和挥霍是陋习，节俭和大方却是美德。

将“吝啬”和“挥霍”改良成“节俭”和“大方”，我们再试着将它们运用于亲密关系：假设有这样一位男士，他对自己很节俭，一套西装穿了三年又三年；可他对爱人很大方，逢年过节就会给爱人买各种各样的护肤品和化妆品。那么你猜，这对夫妻会不会很恩爱呢?

由此，我们不难总结出保持夫妻恩爱的一套原则，甚至它不仅仅是适用于亲密关系的，而是适用于我们所有的人际交往。我把这套原则归纳为“16 字诀”：赚钱有道，花钱有度；对己节俭，待人大方。

从幸福的亲密关系走向美满的价值人生

我是一名价值投资者，巴菲特是我多年来研究和学习的偶像。在我看来，在处理金钱和关系的问题上，巴菲特的做法也堪称典范：

- 始终遵循价值投资的原则，阳光投资，清白做人，是为“赚钱有道”。
- 始终秉承节制资本的态度，该用则用，能省则省，是为“花钱有度”。
- 始终保持朴素低调的作风，不购豪宅，不买豪车，是为“对己节俭”。
- 始终怀有兼济天下的善心，热衷慈善，无私捐赠，是为“待人大方”。

在我看来，学习标杆，见贤思齐，是成长最快的路径之一。希望我们都能明白：金钱只是手段，不是目的。我们赚取更多的财富，最终是为了让自己和家人过上体面的生活，在别人有困难时可以伸出援手，让世界因为我们而多一点点美好。愿读到《当存钱罐爱上购物车》的你，也能拥有幸福的亲密关系，以及美满的价值人生。

推荐序二

谈爱时，为什么“谈钱”比你想的更重要?

曹雪敏

复旦大学社会心理学博士，国家二级心理咨询师

这几年，心理学谈了很多与“缺爱”相关的议题，比如童年时期的“缺爱”会如何影响成年以后的亲密关系。但你知道吗，“缺爱”也会影响一个人对金钱的认知与掌控能力。这一点可以从依恋理论的角度来解释：为了生存，婴儿渴望获得关注和掌控感，但婴儿既不理解钱，也没有钱，唯有重要养育者的关爱才能给予他们想要的关注和掌控感。于是，婴儿会渴望爱，而非金钱。当一个孩子长期处于“缺爱”的状态，成年后很可能会走向两种极端：一种是只追求爱（但因为不懂爱，很可能追求的只是情绪和关系），另一种是只追求能带来掌控感的一切，比如金钱。

管理金钱，进而自我管理和自我成长

除了生命早期的体验，一个人如果成长在经济紧张的环境中，频繁目睹或经历因金钱而起的争吵与冲突，也可能会在潜意识里将金钱与压力、焦虑和羞耻感挂钩。如果不曾主动觉察和调整，很容易本能地用各种办法回避金钱以及金钱所带来的压力与负面情绪，或者不顾一切地追逐金钱以对抗那些负面感受。

对于金钱，不少人会给它贴上“羞耻”“肮脏”“可怕”之类的标签。心理学家弗洛伊德曾指出，现代人看待金钱的心态和对待性的态度有着相似之处——同样充满矛盾，同样大惊小怪，同样带着虚伪的色彩。近年来的多项调查显示，与金钱相关的话题，甚至比性、宗教和政治话题更让人讳莫如深。

但关键是，在金钱这个话题上，如果我们不深入探究它背后潜藏的复杂情感及其根源，就很难真正具备管理金钱的能力，也很难具备自我管理和自我成长的能力，以至于最终会用破坏性的方式来表达或安抚自我。

延伸到亲密关系中，也很可能会因为金钱议题导致各种各样的关系冲突，或者因为忽视对金钱议题的思考导致各种隐患，比如关系权力的逐渐失衡。其中，对于已为人父母的成年人来说，还很可能代际传递不健康的金钱态度和消费行为。

这本由金钱心理学研究者斯科特·瑞克所著的《当存钱罐爱上购物车》，不仅能协助我们迅速又清晰地认识自己和伴侣的金钱心理与消费行为，还提供了很多方法供我们在“消费”“储蓄”“送礼”等领域中实践，让改变真正发生。

在这本书的第 8 章，作者还提供了亲子教育上的建议，无论你有没有孩子，这块内容都很实用，因为你既可以通过学习这块内容来养育孩子，也可以来反思自己的成长经历，从而多一个视角做自己的父母，来养育你内心的小孩。

不为金钱，不为爱情，为了幸福而结婚

另外，我尤其喜欢这本书的结语“不为金钱，不为爱情，为了幸福而结婚”。在结语中，作者再次强调了在结婚这件事上，在这个牵扯更深、更广的亲密关系中，金钱的角色和重要性是什么。相比于“要爱还是要钱”这种表面上割裂的二选一，作者提出了“幸福”这一维度的目标。

幸福的含义不仅仅只是“有爱”或者“有钱”，因为爱并

不能解决缺钱的问题和痛苦，钱也并不能买来快乐和亲密，幸福更在于一个人在体验和意识上感到自己的日常生活是宁静、快乐或者值得的。换句话说，幸福在于当我们回顾或者展望自己的人生时，我们能体会到意义感和希望感——当两个人都能在一段亲密关系中收获这些时，或许就迎来了结婚的契机，开启一段新的人生旅程。

无论你还是对你来说重要的他是存钱罐还是购物车，都祝愿你们在阅读的过程中，深入了解彼此，也不断接纳彼此，然后，用钱这个工具让你和你们都更幸福，也更自由。

人与金钱的关系更健康，社会更文明

最后我想额外说几句，金钱这个议题下的各种问题并不只是个体和原生家庭的原因和责任。对贫穷的过度恐惧或对金钱的过度渴望，既可能是个体经历和对经历的理解造成的，也可能意味着更大的社会环境出了问题。

当更大的社会环境缺少对人、对生命的基本尊重，比如以金钱来衡量人的价值并给予相应的对待时，那么对失去尊重的恐惧便会转化为对缺少金钱的恐惧。比如说，生病的环境很容易造成扭曲的金钱态度，让人失去平静和幸福。

所以，很希望这本书不仅能对你的个人成长和各种亲密关系有所助益，还能让你从对金钱的态度这个角度入手，对自我和他人都多一些人文关怀。当越来越多的人能与金钱保持更健康的关系时，社会环境的文明程度也会取得进步，我们既是创造者，也是受益者。

中文版序

开启中国家庭金钱对话的契机

很荣幸能将我的这本书带给中国读者。我始终相信，通过重新审视金钱观来改善伴侣关系，是具有普遍意义的课题。而中国社会独特的文化背景（比如彩礼习俗），又为书中的某些建议增添了新的注解。在此，我想特别说明两条需要因地制宜的实用建议。

如何通过银行账户设置提升关系幸福感

伴侣之间需要在财务透明与个人隐私之间找到平衡，我称之为“财务半透明”。书中推荐的做法是：将双方收入统一存入联名账户（强化“我们的钱”这一概念），再定期按需转入各自独立账户。这样既能避免斤斤计较“谁出得多”，又能保留自主消费的空间。

但在中国，真正去开立联名账户的门槛较高。当伴侣双方的收入不均时，如何避免让低收入方产生“领零花钱”的尴尬？关键在于建立规则明确的自动转账机制。例如：“每月 1 日，高收入方将收入的 X% 自动转入伴侣账户”。即使无法实现自动转账，也要尽量让这个过程像水电费扣款一样自然，避免临时协商带来的权力失衡感。

如何利用“支付痛感”改善消费习惯

本书的核心观点之一，是消费时的摩擦感会加剧“支付痛感”——你越清晰地意识到钱从口袋里流出，或者越关注你花费的确切金额，购买行为就越“痛苦”，最终就越可能抑制冲动消费。像我这样的“挥霍型人格”，尤其需要给自己设置“心理减速带”，来放缓消费速度。我在书中推荐的一个“减速带”就是尽可能使用现金支付。这会让你更强烈地意识到自己花了多少钱。

但在电子支付越来越普及的中国社会，这条建议并不容易实施。那么，替代方案是，主动记录每一笔消费。虽然电子支付能自动生成账单，但被动查看与主动记录的效果截然不同。建议用笔记本或电子表格实时登记每笔支出的日期、金额和用途。当你在键盘上敲出“奶茶 32 元”时，那种痛感可比扫码支付强烈得多。

尽管文化背景各异，但“存钱罐”与“购物车”的博弈是全球伴侣的共同课题。希望这本书能成为中国家庭开启金钱对话的契机——当我们看清自己与伴侣的财务人格如何碰撞，便能找到专属于自己的平衡点。期待这些观点能在你们的生活中激发出新的火花。

目　录

TIGHTWADS AND SPENDTHRIFTS

NAVIGATING
THE MONEY MINEFIELD IN
REAL RELATIONSHIPS

引 言

亲密关系中的金钱与幸福课

存钱罐	购物车
• 在消费中以内疚感为主导，需隐藏消费痕迹	• 在消费中以快乐感为驱动，易受营销诱导
• 在还贷后会自我谴责：我为何陷入债务？	• 在还贷后会感到愤怒：我为何被诱惑负债？
• 会因限制物质消费而引发匮乏感	• 会因物质过度满足而导致空虚感

> 金钱与人性有着千丝万缕的复杂关系，以至于我们在人际交往中总会违背内心，或者变得捉摸不定。在金钱面前，人们常常自相矛盾、含糊其词，含蓄得令人头疼。我们不会询问他人的收入，却会通过猜测自己的收入在社会中的相对位置来确定自己的社会地位；我们通过制造“需求”来掩饰自己的欲望，明知不该消费却依然坚持；我们也从不向他人透露自己的收入或银行存款。然而，当有机会去争取更高的薪水时，我们却不愿意，甚至会害怕，会为自己在薪资上讨价还价而感到羞耻。我们买了没有打折的商品，却假装震惊地告诉我们的丈夫、爱人和朋友，我们买到了打折的商品。
>
> ——利兹·珀尔（Liz Perle）

对于我们中的很多人来说，我们在思考和感受金钱时，其结果并不理想。如果我们还在为生计发愁，这一点就尤为明显。即便我们的财务状况良好，赚钱、花钱和管钱的心理体验也可能不尽相同。假设终于要还清一大笔债务了，我们可能会认为，最后一笔付款一定能让我们十分开心，或者一身轻松，因为我们终于得以解脱了。然而，真实的心理体验往往会更为复杂。研究千禧一代的作家安妮·海伦·彼得森（Anne Helen Petersen）记录了人们在还清一大笔债务后出现的一些反直觉现象：

> 按理说，当我还清最后一笔学生贷款时，我应该感到高兴才对，但实际上，我为自己感到羞愧，因为我的同龄人似乎在10多年前就已经还清了贷款。而我却花了这么长时间，并且还是在他人的帮助下才做到的。另外，最终能还清债务也有运气的成分。
>
> ——艾米莉亚，45岁
>
> 多年以来，我一直期待着摆脱债务那天的到来，我以为，还清贷款会是一种极大的解脱，自己定会欣喜若狂。确实如此，但又不全是。实际上，还清债务反而让我对自己当初为何会背上债务感到生气，就像自己被愚弄了一般。我应该更聪明一些的，不应该让自己陷入这种境地。
>
> ——乔安娜，37岁

我们对金钱的思考和感受往往与我们预想中的不太一样，这样的案例不胜枚举。我们可能会过度纠结于我们的账单、收入，甚至对同事的收入感到好奇。作为一名公立大学的教授，我只需点击几下鼠标就能知道同事的收入。但到目前为止，这一尝试并没有为我带来任何幸福感。我们可能对金钱缺乏好感，这种滋味并不好受，正如利兹·珀尔在她的自传中指出的那样："我认为，我对财务状况的恐惧始终存在……对此我感到内疚，就像与我交谈过的许多女性一样，尽管我们拥有许多，却仍然会感到焦虑。"可见，我们与金钱的关系错综复杂，无论我们的金钱多还是少。

这种复杂性在我们开启一段亲密关系时会进一步加剧。为了更好地应对金钱带来的复杂问题，有些伴侣会咨询财务规划师，或者开设联名账户。一些即将步入婚姻殿堂的新婚夫妇则会参加婚前辅导课程，学习的内容包括如何共同管钱等。即便伴侣不想谈论金钱这一敏感话题，可这在生活中也几乎是不可避免的。找什么样的工作、买哪里的房子、生几个孩子、何时退休，等等，这些重大决策都与金钱息息相关，而且通常都是由伴侣共同决定的。从某种程度来说，结婚本身也是一项财务决策。例如，当大卫向他的伴侣休伊求婚时，这样做并非单纯出于情感因素，而完全是为了从婚姻关系中获得经济上的相互扶持。大卫向休伊开玩笑说，自己不会将此事告诉任何人，除了会计师。休伊对此感到困惑："这只是钱的事而已。"大卫很难理解这个回答，反驳道："一个芒果大小的脑瘤，或者一个我雇来趁你睡觉时闷死你的人，就能让我们陷入这样的境地。所以，怎么能说这只是钱的事？"

伴侣在探讨与金钱有关的问题并共同做出决策时，钱会让双方的关系变得有些紧张。一方往往很容易就会知晓另一方所做的个人财务决策，不管他们是有意还是无意。比如，对方是如何处理自己的学生贷款的，或是如何帮助自己经济拮据的父母的。最近在知名网络杂志 *Slate* 写给情侣的建议专栏中，一位男士就表示："我妻子用我们共同的积蓄帮她家人摆脱了一个传销骗局，3 万美元就这么没了。"此外，如果我们担心伴侣得知自己买了某样东西后的反应，伴侣就能影响到我们的购买决定——促使我们推迟购买、放弃购买或者偷偷购买。

金钱心理学实验室
TIGHTWADS AND SPENDTHRIFTS

那么，财务上的紧张关系会对婚姻产生多大的影响呢？还是说，钱不过是众多影响亲密关系的因素之一？并非如此！对于婚姻而言，夫妻双方因钱而生的争执尤其具有破坏性，这种破坏甚至超过了与公公婆婆、岳父岳母等姻亲的争吵。在一项研究中，保罗·阿马托（Paul Amato）和斯泰西·罗杰斯（Stacy Rogers）对在 1980 年

> 至 1992 年步入婚姻殿堂的夫妇进行了追踪。他们发现：在 1980 年便认为配偶存在“挥霍金钱”行为的夫妻，到 1992 年时，其间选择离婚的概率非常大，这是婚姻关系中极其重要的一个预警因子。(“知道另一半对婚姻不忠”排在众多离婚预警因子的首位。除此之外，“对伴侣花钱方式的不满”也排在了前列，且高居不下。)[1] 同样，刚离婚的人被问到婚姻失败的原因时，他们经常会提到“金钱观不同”。存在很大分歧的财务决策对亲密关系的破坏力，实在不可低估。

那么，金钱争论的背后，其实质究竟是什么？许多情感专家认为，这些争论往往触及更深层次的问题——看似关于金钱，实则反映的是关系中一些根深蒂固的紧张因素，如沟通不畅、目标冲突、权力失衡。这在某些时候是很正常的。然而，如果我们处理财务问题的方式不当，很有可能会引发一些原本并不存在的心理芥蒂。比如，新婚夫妇可能会选择某种银行账户结构，这种结构在呈现双方消费的透明度上，要么过于保守，要么过于开放，从而会导致二人在未来多年的财务对话上产生分歧。再比如，如果一方全职在家看孩子，另一方有收入，那么这笔收入该如何用于家庭开支？是直接存入赚取收入一方的个人账户，还是存入双方的联名账户？如果存入联名账户，双方又该如何使用或提取所需资金？这些看似微不足道的问题，如果处理不当，都有可能会让全职一方感到不被尊重和缺乏关爱。我们的心理活动会影响到我们处理金钱问题的方式，反过来看，处理金钱问题的方式也在塑造着我们的心理活动。

如果你也为金钱问题所烦恼，本书或许可以带来一些启发。我花了数年时间，深入研究了人们是如何在个人生活以及人际关系中获得财务健康和心理健康平衡的。这是一门高难度的平衡艺术，过度关注某一方面的健康，事后来看都是不明智的。我在研究中发现，之所以会出现这种优先级问题，是因为长期以来，我们在消费上都有各自的心理倾向。对许多人来说，这些倾向恰恰是烦恼的根源，尤其是当我们与消费观念不同的人建立起关系时。本书在撰写时，是基于这样一个核心理念：深刻理解我们的消费倾向，对于调整我们的行为和改善我们与他人的关系至关重要。有了正确的引导，人们就可以做出改变。我的目标是，给你提供指导，帮你制定策略，让你在做出财务决策和处理亲密关系中的财务问题时能够游刃有余。

我的研究方法不同于你在书店里的生活类或个人理财类图书上看到的任何一种。我提供的指导，基于的是严谨的行为科学。实际上，保守的个人理财大师戴夫·拉姆齐（Dave Ramsey）曾称我为“书呆子”。[2] 行为科学并没有解决所有关于金钱和关系的问题，我将指出哪些建议是推测而来的，科学家们在哪些地方存在分歧。在开始这趟科学旅程之前，我想跟大家分享的是，我为什么会对复杂的金钱心理学产生浓厚兴趣。在这方面，我并不是一个完全置身事外的旁观者。

拉斯维加斯的故事

花钱是我童年记忆的重要组成部分。我在休斯敦长大，作为家中的独子，我与母亲艾琳和外婆莫莉一起度过了许多时光。我们去百货商店、旧货市场、宾果游戏厅等众多让你打开钱包进行消费的地方。我享受着这一切，但外婆莫莉很快就厌倦了这种一成不变的生活。在我 10 岁时，她说服外公埃迪搬到了拉斯维加斯。这真令人难过。不过，在我青少年时期，我和父母经常会去看望他们，有时一待就是几周。我们并没有去游览胡佛水坝或欣赏内华达州的自然风光，而是去了赌场，体验了里面所有昂贵的娱乐项目，包括看演出、就餐、逛商店、打保龄球等。我看起来比实际年龄要大（恐怕现在仍然如此），所以当我独自在赌场里溜达，在体育博彩区观看棒球比赛时，并没有引起保安的注意。我偷偷地参与了一些项目：在赌场餐厅里，客人很容易会选择下注玩基诺，这是一种类似彩票的游戏，大约每 10 分钟进行一次。当基诺的工作人员来收集桌子上的投注单和赌注时，他们并没有真正在意是谁在下注。1 美元的小额损失很快就会被人遗忘，赢得一次罕见的 10 美元或 20 美元才会令人格外兴奋和难忘。

在这些“冒险”中，我从未目睹过任何明显的鲁莽消费。我们家通常住在深受拉斯维加斯当地人喜欢的一家中等档次的宫站娱乐场酒店。让这家酒店出名的是，前橄榄球名将辛普森（O. J. Simpson）持枪闯入了这里的一个房间，为的是偷窃体育纪念品。在一个有些倒霉的午后，我们每个人似乎都有点难过，即便这样，我们还是从未真正想过会遇到财务危机问题。我们都认为，明天可能会赢呢！类似旅行中的债务积累对我来说并不明显。但我和妈妈回忆过往时才知道，在我们那次倒霉的旅行中，爸爸不得不给妈妈汇了钱。他留在了休斯敦，因为他不能请那么多假和我们一起去。显而易见的是，无休止的支出并不一定会造成压力，它也可以很有趣。

自小我就明白，不是每个人都有着疯狂的购买欲、对无休止的消费感到兴奋。我清晰地记得，为了避免外公埃迪的抱怨，外婆莫莉总是会巧妙地隐瞒她在名牌衣服上的花费：她会迅速剪掉标签、袋子和收据，然后把衣服藏在行李箱里，直到风平浪静。在我朋友之间，这种鲜明的消费观念差异也普遍存在。比如，我的朋友乔纳森是一个大手大脚的购物车，他曾因购买了尺寸过大的电视而危及婚姻，他的故事还被写入了《今日美国》的一篇文章中[3]（当然，他在我 21 岁生日时和我一起去了拉斯维加斯）。

相比之下，你很难说服我的朋友埃兰花钱，他总是会对我的消费意愿感到好笑又困惑。例如，2000 年珍珠果酱乐队（Peal Jam）巡演时，他们发行了每场演出的“官方录播”录音，包含两三张 CD 在内的套装售价约为 20 美元。作为一个长期以来只能通过非官方途径获得珍珠果酱乐队现场录音的忠实歌迷，我非常兴奋。虽然我没有买下全部的 72 套，但我购买的数量还是超出了合理范围。埃兰喜欢和我一起开车兜风时听这些录音，但他对我的购买行为还是提出了一些合理的质疑。例如，“*Even Flow* 这首歌在波士顿、琼斯海滩和圣地亚哥的演出中，听起来效果不都差不多吗？真的有必要买这么多不同的录音吗？”在我看来，当然有必要！因为 *Even Flow* 在不同的演出中，其前后演出的歌曲都不一样，所以每次的氛围也都完全不同！

在这些不同消费观念的耳濡目染下，我不禁对金钱心理学产生了浓厚的兴趣。但直到读研究生时，我才给这些我多次注意到的消费观念贴上不同的标签：存钱罐和购物车。

你是存钱罐，还是购物车

在接下来的章节里，我们将深入探讨存钱罐和购物车的消费心理，以及这两种类型的人如何才能提升自己的幸福感。但在这之前，不妨先评估一下自己在存钱罐与购物车之间更倾向于哪一方，弄清这一点非常重要。所以，请花点时间完成“存钱罐 - 购物车测试表”，然后我们再一起讨论，究竟该如何解读你的得分。

存钱罐 - 购物车测试表

请在下面每个问题的回答中圈出一个数字。

我们经常会遇到这样的情况：有些人在控制开支上显得力不从心，他们总是在服装、餐饮、度假等方面大手大脚地花钱，而这些钱原本可以得到更好的使用。与此同时，另一些人却在消费上犹豫不决，因为花钱会让他们感到焦虑不安，所以在一些本该花钱的地方总是迟迟不肯出手。

问题 1：请就第一句描述与你的匹配程度做出选择。也就是说，你在控制消费上做得怎样？

1	2	3	4	5
从不	少有	有时	经常	总是

问题 2：请就第二句描述与你的匹配程度做出选择。也就是说，你在花钱上有困难吗？

1	2	3	4	5
从不	少有	有时	经常	总是

请认真阅读下面的两位购物者的行为描述，然后回答问题。

A 君陪一位好友逛街购物。他们走进了一家大型百货公司，A 君注意到，这里正在进行“仅限今日”的特卖活动，商品价格一律打 4 ～ 9 折。A 君虽然知道自己并不需要购买任何东西，但还是没能抵挡住诱惑，最终买了一堆东西，花费近 100 美元。

B 君同样陪一位好友逛街购物。他们走进了一家大型百货公司，B 君注意到，这里正在进行“仅限今日”的特卖活动，商品价格一律打 4 ～ 9 折。B 君觉得，今天或许可以买到很多自己需要的特价商品，能捡到大便宜。但一想到要花钱，他就犹豫了，最终没有购买任何东西。

问题 3：就你自己而言，你更像人物 A 还是人物 B？

1	2	3	4	5
A		介于两者之间		B

问题 4：下面哪种描述更适合你?

1	2	3	4	5	6	7	8	9	10
花钱很困难				介于两者之间				不花钱很困难	

我们可以按照以下方式计算出“存钱罐 - 购物车测试表”的得分情况：

12 分 + 问题 1 得分 - 问题 2 得分 - 问题 3 得分 + 问题 4 得分

“存钱罐 - 购物车测试表”得分的范围是 4 ～ 26 分。我们通常使用以下范围来标记不同的消费者类型：

4 ～ 11 分：存钱罐
12 ～ 18 分：无冲突消费者

19～26分：购物车

当你拿到自己的得分并尝试进行解读时，我想补充一些信息。

像“存钱罐－购物车测试表”这样的连续评分，一旦被划分成不同的类别，对于那些原本很接近的得分，它们之间的微小差异可能就会被过度解读。比如，得 12 分的人和得 11 分的人会对自己有截然不同的看法。实际上，他们之间的心理差异比得 11 分和得 4 分的人之间的差异还要小得多，尽管 4 分和 11 分都被归为了存钱罐范畴。所以，当你在重新认识自己的时候，要记得想一想自己是否真的属于某个类别，还是说，你其实处于两个类别的边缘地带。

本书前两章会深入剖析存钱罐和购物车的心理特点，因此，当你读完这两章后，不妨再次填写这个测试表。该测试表通常具有很高的“重测信度”（test-retest reliability），也就是说，今天填表的人，一年后再次填写，往往会得到几乎一致的分数，结果很可靠。不过，本书前两章会帮助你更清晰、更细致地理解自己对金钱的心理反应。

如果你和伴侣在一起，不妨邀请另一半也来完成这个测试表。我们在本书的后几章会讨论到，你和伴侣在金钱观念上的差异，会对你们的关系产生很大的影响。在你们互相分享得分之前，建议你们尝试替对方填写一份测试表，问题 1 可以变成："你觉得自己的伴侣在控制消费上做得怎样？他 / 她是否花钱大手大脚？"通过比较你们的看法，比如，自己在对方眼中的样子，可以大致了解彼此对金钱的态度和感受，这种理解至关重要，但它只是第一步，因为即便我们清楚了自己的另一半是个存钱罐，却也不知该拿他 / 她如何是好。

穿越亲密关系中的金钱雷区

生活给予我们在金钱和人际关系方面的学习机会并不多。如果你一生只结一次婚，只尝试过一种管理账户的方式，那你很难从亲身经历中学到管理共同财产的最佳方法。虽然你周围有一些夫妻，他们中有的看起来将财务管理得还不错，有的则不太好，但我们作为外人，通常很难了解到其中的一些关键性细节。在社交场合中，许多人都不愿意谈论金钱。即使有人告诉你，他们的方法似乎很有效，你也很难完全相信。也许他们天生就是一对，换作其他方法可能也很有效。又或者他们继承了丰厚的遗产，足以缓冲任何财务决策失误带来的影响。这本书汲取了经典与前沿的研究成果，结合了广泛的实践经验，我希望它能够帮助你在面对各种复杂的财务决策时，找到正确的方向。

相信我，这是一本可以让你学以致用的书。我们将深入了解自己对消费和储蓄的个人倾向，并学习如何调整固有的习惯。我们还将探讨这些倾向和习惯是如何影响我们的夫妻关系和亲子关系的。在书中，我们会陆续教大家一些方法，来提升不同关系中的财务健康度，最终在财务健康与幸福之间找到最佳平衡点。

我们将从深挖存钱罐和购物车的复杂心理开始。在这些年的观察中，我发现人们对这两种人的行为动机存在不少误区，例如，存钱罐之所以很小气，是因为他们花不起钱；如果你欠了一屁股债，那肯定是个购物车。在本书的前两章里，我会帮你一一澄清这些误解与迷思。

在第 3 章中，我们要来谈谈如何调整自己的消费和储蓄习惯。我们不必一辈子都当个一毛不拔的存钱罐或大手大脚的购物车。在某些情况下，我们可以让存钱罐放宽手；在另一些情况下，也可以让购物车收敛一些。市场营销学花了几十年时间来研究加速人们消费的因素，零售商利用这些洞见，在诱导购物车尽情消费、减轻存钱罐支付之痛方面，已经变得游刃有余。最常见的就是，零售商会用各种手法来调整价格，比如通过虚假的“打折”和其他带有误导性的比较来减轻消费者的支付之痛。第 3 章，我们会教你如何把这些营销策略反过来用在自己身上。掌握这些技巧，我们就能管理自己的支付之痛，让花钱变得更加合理。

接下来，我们会把焦点放在金钱与人际关系上。在第 4 章中，我们要探讨的是，消费倾向将帮我们预测出自己未来会选择什么样的伴侣。正所谓人以群分，我们倾向于和拥有我们喜欢的那些特质的人结婚。但就存钱罐和购物车而言，他们并不是很喜欢自己的这些特质。当我们遇到一个拥有我们不喜欢的特质的人时，我们往往会感到反感。看到别人身上映射出自己的不足是挺难受的。基于这个观点，我们发现：在金钱观念上“不合拍”的婚姻（如一方是存钱罐，另一方是购物车）比“合拍”的婚姻更为常见。但金钱观念“不合拍”的婚姻往往比较脆弱，特别是在财务决策变得越来越重大时。

但也不用灰心，不管你们的观念是否合拍，总有一些办法可以让你们的关系在财务上更上一层楼。第 5 章将帮你分析，就你们的关系来说，是共用一个银行账户好，还是各自为政更合适。这听起来似乎是件微不足道的小事，但我们经过长期的实验观察发现，银行账户结构会影响到你们的婚姻幸福感。

接下来，我们要聊聊伴侣之间该如何沟通各自的消费情况。站在财务健康的角度而言，全透明的信息共享至关重要，即双方都对彼此的资产和负债了如指掌，明白各自的消费行为是如何影响对方的。但话说回来，全盘托出也可能引发不必要的争执，特别是在金钱观念不合的伴侣之间。在第 6 章，我会阐述适度的财务透明度（也就是财务部分透明）将有助于我们在财务健康和关系和谐之间找到一个恰到好处的平衡点。

第 7 章，我们要来聊聊如何用礼物巩固和增进伴侣之间的关系。送礼物是我们向伴侣表达“我懂你”和“我珍惜你”的绝佳时机。按照流行的建议，可能有人会告诉你，“直接问他们想要什么然后去买”。这听起来似乎挺有道理，但这种建议其实存在一定误导。我的建议是，应深入了解你的伴侣，当然，我也会分享一些实用小方法。需要特别强调的是，送礼物要带点牺牲和付出精神，要让你的伴侣感觉到，这份礼物背后花费了不少心思，不是随随便便就能挑出来的。不管是存钱罐还是购物车，都得用各自的方式表达出这种付出。

需要留心的是，我们的消费和储蓄习惯会如何影响我们的孩子。孩子们不仅会听到我们谈论如何花钱，还会亲眼看见我们做出许多消费决策，尽管不是全部，但也足够多了。如果我们是存钱罐或购物车，且不希望孩子步我们的后尘，那就告诉他们，“照我说的做，别照我做的做”。在第 8 章你会了解到，潜移默化中，孩子们其实更容易被父母的花钱行为所影响。对此，我会对那些在金钱观念上不合拍的伴侣给出一些建议，告诉他们该如何协调好孩子消费观的培养与家庭实际的支出决策之间的冲突，从而达成共识。

在结尾部分，我给单身的朋友带来了一些建议与忠告。我们探讨了一个古老而永恒的话题：究竟是该为了爱情还是金钱而步入婚姻的殿堂？我的答案是，爱情和金钱都是幸福婚姻的基石。人不应该单纯为了爱情或金钱而去结婚，我更推崇为了追求幸福而选择伴侣。

TIGHTWADS AND SPENDTHRIFTS

NAVIGATING THE MONEY MINEFIELD IN REAL RELATIONSHIPS

第 1 章

存钱罐的心智大脑

存钱罐

- 男性较多
- 更倾向于选择与数学相关的专业，例如工程学、计算机科学和自然科学
- 即使财务状况有所改善，也难以摆脱在资金紧张时期形成的心态
- 在慈善捐赠方面的付出与购物车相当

购物车

- 女性较多
- 更倾向于选择社会工作、传播学相关专业和人文学科
- 注重当下的享受，不害怕再次面临财务压力
- 在慈善捐赠方面的付出与存钱罐相当

> 你是否有过这样的“金钱焦虑症”：总觉得自己囊中羞涩，尽管并非如此。理智告诉我，我完全有能力外出享用午餐，豪气地点上一份 17 美元的汉堡，而且钱包里还剩下大把钞票。但即便我真的这样做，坐在餐桌旁的我，心中还是会对未来充满了焦虑：万一哪天我需要这笔钱呢？这种扭曲的现实感，源自我对未来的种种恐惧。比如，害怕自己会回到那个阴暗潮湿的小公寓，担心无力支付账单，抑或是更糟糕的情况——不得不依赖一个男人。
>
> ——莫娜·沙拉比（Mona Chalabi）

人类学家观察发现，因纽特人拥有数十种丰富的词汇来描绘雪的不同状态和特性。当你必须判断冰面是否足够坚固，能否安全地支撑你通过时，这些细致入微的描述可能会关乎生死，变得至关重要。在我们的日常生活中，对于那些在金钱上精打细算的人，英语中同样存在着丰富多彩的词汇来形容他们，而且有些词汇听起来可能并不那么悦耳。

例如：stingy（小气鬼）、cheap（不值钱的、小气的）、skinflint（铁公鸡，一毛不拔的人）、tightwad（存钱罐）、miser（守财奴）、scrooge（斯克鲁奇）。其中，scrooge 一词来源于查尔斯·狄更斯的小说《圣诞颂歌》（*A Christmas Carol*）中的一个角色埃比尼泽·斯克鲁奇（Ebenezer Scrooge），他是一个极其吝啬和冷酷的守财奴。这些词并非只是在描述人们对金钱的同一种执着态度，还揭示了人们在金钱观念上存在的细微差异。

历史上为我们所熟知的大多数极端保守消费者，他们的行为模式与狄更斯笔下的守财奴——埃比尼泽·斯克鲁奇（在马利的鬼魂造访之前）如出一辙。这些人对财富的执着追求极大地抑制了他们的消费意愿，哪怕这会对他们自身或周围的人造成极大伤害。以海蒂·格林（Hetty Green）为例，她可能是 20 世纪初美国最富有的女性，但她却被《吉尼斯世界纪录大全》誉为“世界上最吝啬的人”。这里有一个极端夸张的故事：她年幼的儿子内德腿部受了严重的伤后，最终竟然因为迟迟找不到免费诊所而不得不截肢。在许多经典小说中，我们都能找到类似的例子。比如，乔治·科斯坦扎（George Costanza）为了省钱，买了最便宜的婚礼请柬，结果因为请柬信封上用的是有毒胶水，导致他的未婚妻不幸身亡；富有的波特（Potter）先生拒绝了乔治·贝利（George Bailey）绝望中的小额贷款请求，并冷血地告诉他，他死了比活着更有价值。我认为，将这类行为定义为“吝啬”是恰如其分的。

实际上，保守的消费观念并不总是源于那种看似枯燥乏味，只为积累和守护财富的行为。通往节俭消费的路径多种多样。有些人热衷于寻找省钱的妙招，他们可能会使用优惠券，会耐心地抵制升级或更换现有产品的冲动，还会将旧产品赋予新功能。有些人只是对大多数新产品不感兴趣，这往往是出于对环境的考虑。还有些人因为手头拮据，没有太多钱可供挥霍。这些情况都不是本章核心角色——存钱罐的核心特点。对存钱罐来说，他们觉得花钱是一种痛苦。然而，真正让存钱罐与众不同、令人着迷的是，他们在理智上明白自己应该比实际花费更多。每次花钱时所经历的痛苦，导致他们最终花费的比他们认为应该花费的要少。这种情况对于存钱罐本人以及他们周围的人来说，都可能会令人感到相当痛苦。

在探讨存钱罐为何花钱会如此痛苦之前，我们不妨先来理解一下支付之痛的本质，这一点非常重要。

为什么花钱会让人心疼

行为科学领域的专家提出，无论是身体感受、情绪还是特定情感，都能帮助人们解决自我控制的难题。这听起来似乎有些反直觉：的确，当情感达到一定强度时，比如欲望和愤怒，它们就可能会让人们变得有些失控。但在适度的范围内，情感可通过提供最佳行动方案的信息来发挥作用。行为经济学家罗伯特·弗兰克（Robert Frank）曾提出，情感能够帮助我们“将未来的潜在收益转移到当下”。设想一下，你在孩子的生日派对上，面对第二块蛋糕诱惑时的心情。吃下这块蛋糕对健康的影响是遥远且不明确的，但你对蛋糕的渴望却是及时且具体的。幸运的是，想到要吃下第二块蛋糕，可能会让你在心底里生出一种“预期性”的内疚感。在放纵之前即刻涌现的这种内疚感，有助于将那些遥远且不明确的健康成本拉回到此时此刻，为你提供克服当下渴望的动力。换句话说，你可以用“内疚感”这把火来对抗“渴望”这把火。

金钱心理学实验室
TIGHTWADS AND SPENDTHRIFTS

同样，人们在做出消费决策时，往往会出现类似的心理过程。1998年，两位行为经济学领域的重要贡献者——德拉森·普雷莱茨（Drazen Prelec）和乔治·洛温斯坦（George Loewenstein，后者后来成了我的博士生导师）

提出了一个观点，即“支付之痛”可能是一个普遍存在的现象。[1] 它有助于我们理解那些从纯粹的认知经济学角度难以解释的奇特现象。以 20 世纪 80 年代家庭电话用户面临的选择为例：是支付固定的月费享受无限通话，还是先支付较低的月费，每次需要通话时再支付额外小额话费。电信研究人员发现了所谓的“套餐费率偏见”：大多数选择固定月费的用户，如果选择按通话次数付费，那么他们可以节省更多费用。研究人员指出了产生这种偏见的几个可能原因，如不确定一个月内会通话几次。普雷莱茨和洛温斯坦还指出了另一个可能的原因：与不断增加的账单相关的焦虑感。这种焦虑可能在每次电话响起时都会变得尤为明显。这就像坐在一辆因交通堵塞而停滞不前的出租车里，当我们眼睁睁地看着计价器无情地跳动时，就会感到痛苦无比。

我们不妨再以 20 世纪 80 年代的另一个生活产物——客人们用来在地中海俱乐部喝酒的珠子为例，感受一下人们的“支付之痛”。记者托尼·施瓦茨（Tony Schwartz）最著名的作品是与特朗普合著的特朗普自传《交易的艺术》（*Art of the Deal*），他曾深刻地指出：“我坚信，珠子存在的真正原因，与赌场使用的筹码一样：当你使用现金替代品时，这感觉并不像是在花钱。”这些珠子能有效地分散客人在饮料消费上的注意力，从而减少消费带来的痛苦。除此之外，珠子为地中海俱乐部带来的另一个商业价值在于，它们在度假村的狂欢氛围中极易丢失，客人们常常不得不因为丢失而购买新的珠子。

有个观点自提出以来，就十分具有吸引力，因为它非常直观：花钱会带来“肉疼”的感觉，而预期中的痛苦会抑制消费冲动。对此，多年以来，人们一直在质疑，支付之痛是否可以简单地从字面上将其理解为一种真实的体验，还是应该像“心碎”一样，去体会它的引申义。这是我在卡内基梅隆大学攻读博士学位时研究的第一个课题。在21世纪初的前几年里，围绕着“神经经济学”，人们进行了很多激动人心的探讨。神经经济学是经济学的一个分支领域，它利用神经数据，帮助人们更好地理解经济决策背后的心理过程。这个领域的思想是，如果你能在人们做出经济决策时测量出他们的神经活动，你就能更好地理解他们是如何做出这些决策的。当然，你也可以直接询问人们在做出这些决策时的感受。像神经经济学一样，这些不同的方法各有利弊。但在当时，正确的方法似乎十分明确：在人们购物时扫描他们的大脑。

无疑，这是一个充满挑战的项目，但我们拥有一支梦之队。洛温斯坦、普雷莱茨与我携手两位神经科学领域的明星——布莱恩·克努森（Brian Knutson）和艾略特·维默尔（Elliott Wimmer），共同打造了一项名为“持有或购买”（Save Holdings or Purchase，SHOP）的实验任务。参与者在进行功能性磁共振成像脑部扫描后完成了这项任务。功能性磁共振成像技术自 20 世纪 90 年代诞生后，研究人员便开始借此追踪大脑中血氧的变化，这些变化是神经活动的重要指标。尽管这一过程是无创的，但体验起来并不舒服。磁共振成像机器的噪声以及狭小的空间都有可能会引发焦虑，至少，这是一种非常独特的体验。实验中，图像会投射到参与者头顶的镜子上，他们需要通过按下手持设备上的按钮来做出购买决策。我们的 SHOP 任务无法完全复刻出真实购物时的丰富体验，这里没有推销员的巧舌如簧，没有排队的等待，没有试衣间的私密，也没有免费样品的诱惑。我们将注意力放在了影响人们做出购物决策的核心要素上：先是向参与者展示了 4 秒钟的商品，然后又展示了 4 秒钟的商品价格，参与者有 4 秒钟时间决定是否购买。他们需要对 80 种不同的商品做出同样的决策。从《欲望都市》DVD 套装，到梵高艺术印刷品，再到 USB 闪存驱动器，这些商品都是 21 世纪初的前几年里大学生的心头好。为了保证参与者的专注度，每次实验之间，参与者都有 2 秒钟的休息时间，虽然节奏很快，但我们必须确保他们不会因无聊而打瞌睡。为了增加实验的吸引力，我们给了每位参与者 40 美元，并告诉他们随机选择的两次实验将会成为真实的购买行为（也就是说，他们需要为在实验中选择购买的商品支付费用，我们会将商品寄给他们；未花费的余额则归他们所有）。

如果支付之痛能够抑制购买冲动，那么我们希望在大脑中能看到怎样的行为模式？我们考虑了多种可能性，但有一个大脑区域引起了我们的高度关注——岛叶。在大脑皮层中，岛叶是如同李子大小的一个区域，它折叠并深藏在额叶和颞叶之间。精神病学家、劳瑞德脑研究所所长马丁·保罗斯（Martin Paulus）将岛叶形容为“心灵与身体的交汇处”。岛叶能够读取来自身体的生理信号，并产生可以指导行为的主观感受。例如，在反复权衡该进行风险投资（比如购买股票与债券）还是安全投资时，岛叶的激活预示着人们的投资决策从风险投资转向了安全投资。从本质上来说，人们对即将失去或可能失去的痛苦感受，让他们在做决策时转向了更为安全的选择。沿着类似的思路我们希望看到，在做出消费决策时考虑经历过的痛苦（其表现是岛叶区域被激活）很有可能会让参与者保住他的资金。果然，我们发现：岛叶对于价格信息的反应越强烈，参与者在 4 秒后购买商品的可能性就越小。这是支持“支付之痛”理论的首个神经科学证据。[2]

多年之后，尼娜·马扎（Nina Mazar）及其团队明确强调，我们在谈论“痛苦”时应当更加精确。因为痛苦既包含情感层面的因素（如情绪上的困扰），也包含身体层面的因素（如接种疫苗后手臂的感受）。而“支付之痛”这样的表述并未清晰地指出，此时所经历的痛苦究竟是哪一类。马扎及其团队成员开发设计了一个基于功能性磁共振成像的购物实验，参与者可以通过花钱或承受电击来获取食品。例如，在典型的现金支付实验中，你需要做出决定，自己是否愿意支付 1 美元来换取一块 Butterfinger 巧克力棒。在典型的电击实验中，你同样需要做出决定，自己是否愿意承受50伏特的电击来换取同样的巧克力棒。结果不出所料，考虑承受电击与考虑花钱在神经层面上有着不同的表征。就像我们在SHOP任务中所观察到的那样，马扎及其团队成员在支付试验中发现，岛叶的进一步激活预示着购买意愿的进一步降低。他们的研究结果为“支付之痛”提供了更多一致的证据，并明确指出，这里的痛是一种心理上的困扰，而非身体上的疼痛。

你是那个舍不得花钱的人吗

当我们首次深入分析SHOP项目数据时，发现了一个很明显的情况：在购物时，有些人比其他人感受到了更多的痛苦。与此同时，我也开始意识到，在日常生活中，我身边出现了越来越多喜欢精打细算的人，包括洛温斯坦以及我当时的女友、现在的妻子朱莉。很显然，我已不再是喜欢到拉斯维加斯游逛的豪赌客了。由于我对存钱罐以及他们行为背后的心理动机产生了越来越浓厚的兴趣，于是，我与洛温斯坦以及一位行为科学领域的明星和世界顶级存钱罐辛迪·克赖德（Cindy Cryder）进行了合作，共同开发了“存钱罐－购物车测试表”。这份问卷旨在衡量支付之痛会在多大程度上让人们愿意以超出或低于他们原本意愿的消费水平进行消费。

当我们刚开始找人参与“存钱罐－购物车测试表”测试时，运气就很不错。约翰·蒂尔尼（John Tierney）为《纽约时报》（*The New York Times*）撰写了一篇关于 SHOP 研究的文章，他在执行 SHOP 任务时让我们扫描了他的大脑。随后，他还鼓励感兴趣的读者可以参与我们的那项大范围的购物调查，其中就包括这个测试表。令人难以置信的是，我们很快就收到了超过 1 万份来自《纽约时报》读者的详尽回复，这为我们的研究积累了丰富的素材。

回想一下，“存钱罐－购物车测试表”的最终测试得分介于 4 ～ 26 分之间，受访者可以根据得分被划分为存钱罐（4 ～ 11 分）、无冲突消费者（12 ～ 18 分）或购物车（19 ～ 26 分）。

金钱心理学实验室
TIGHTWADS AND SPENDTHRIFTS

在《纽约时报》的调查中我们发现，存钱罐的人数超过了购物车。有 25% 的受访者得分落在存钱罐的范围内，而只有 15% 的受访者得分落在购物车的范围内。剩下的 60% 属于无冲突消费者，这些人通常对自己花费的金额感到心安理得。我们稍后再详细讨论他们。当然，比例多少取决于你所选取的调查人群。后来，《环球邮报》（*The Globe and Mail*）在调查加拿大读者时发现，存钱罐的数量是购物车的6倍，二者之间的占比分别是36%和6%。然而，在匹兹堡的一个购物中心里，购物车与存钱罐的占比则分别是26%和13%。多年来，在不同的调查场景中，我们发现，存钱罐和购物车的占比大致相等（各占总样本的20%～25%）。过度消费总是会吸引到更多的关注和指责。比如，“如果千禧一代能少吃点牛油果吐司，他们就能买得起梦想中的房子了！”所以在人们的印象中，这一类人似乎更多。一次次的调研中，我们对存钱罐所占的比例与购物车所占比例大致相当的这一结果感到十分惊讶。

在对存钱罐与购物车进行人口统计学特征分析时，我们发现了一些引人深思的差异。首先，存钱罐比购物车略微年长一些。目前尚不清楚，这是岁月沉淀的结果，还是代际之间的差异。其次，女性成为购物车的可能性略高于男性，而成为存钱罐的可能性则低于男性。最后，存钱罐更有可能受过高等教育，他们倾向于选择与数学相关的专业，如工程学、计算机科学和自然科学。购物车中最受欢迎的大学专业是社会工作、传播学和人文学科。值得注意的是，这些专业选择上的差异，并不能完全归因于存钱罐与购物车之间的性别差异。例如，在工程专业中，女性存钱罐的比例高于女性购物车；而在传播学专业中，女性存钱罐的比例则低于女性购物车。这些研究结果为我们提供了一些初步线索：存钱罐和购物车以不同的视角看待世界，这种差异并非仅由性别差异所能解释。

吝啬是因为缺钱吗

在社会科学领域，每当研究者提出新概念时，他们的同行往往会质疑，该新概念是否是“新瓶装旧酒”，即对旧概念的重新包装。例如，当安吉拉·达克沃斯（Angela Duckworth）及其团队提出“坚毅”（grit，其定义为“对长期目标的毅力和热情”）这一著名概念时，一些研究者便迅速发问：“这难道不就是责任心吗？”在我们探讨的问题中，人们自然也会发问，比如存钱罐是否只是更擅长自我控制。在自我控制上，存钱罐确实比购物车略胜一筹，但自我控制涉及生活的方方面面，如避免发表不当评论的能力，以及在面对潜在干扰时保持专注的能力。在自我控制的其他方面，存钱罐并没有展现出独特的技能。

那存钱罐是天生节俭吗？生活中，“吝啬”和“节俭”这两个词经常被交替使用。例如，自称“节俭狂热者”的艾米·达西津（Amy Dacyczyn）在20世纪90年代出版了一份古怪的时事通讯，名为《吝啬鬼公报》(*The Tightwad Gazette*)。它描述了很多创造性地省钱和变废为宝的方法。例如，可以用卫生纸卷来整理电源线；可以将金枪鱼罐头盒改造成饼干模具；可以把旧衣架打造成“袋式烘干机”，用于洗涤想要重复使用的塑料袋。这些小妙招并非适合每个人，但达西津通过强调节俭生活的乐趣，以及如何“让梦想成真”，成功地吸引了一批忠实的追随者。

其他的关于节俭生活的观点可能就没那么令人愉悦了。但有一点，它们与达西津的观点一致，即节俭并不等同于吃苦。约翰·拉斯托维卡（John Lastovicka）及其同事在对极度节俭者的开创性研究中得出了一个结论：节俭的生活方式不是“剥夺”各种可能，而是“为了实现更有价值的目标而牺牲一些异想天开的想法”。许多宗教和文献也都在强调，节俭生活可以带来幸福与平静。例如，加拿大米克马克族的一位首领曾说：“尽管我们在你们眼中似乎很悲惨，但我们认为，我们比你们更快乐，因为我们对自己为数不多的拥有非常满足。”有些人甚至将他们的节俭行为视为“荣誉的象征”，因为他们能抵挡住来自广告商或同伴购买行为的压力与诱惑，“不会被愚弄”。

当然，存钱罐与极度节俭者在消费上都表现得十分保守。单纯从消费和储蓄行为来看，你很难将存钱罐与极度节俭者区分开来。但他们在一些关键方面存在着差异。存钱罐一般不会想如何重新利用干衣机的绒毛、牛奶罐的圆环和网状洋葱袋。产品使用（以及再次使用）是节俭与吝啬之间的一个显著分水岭。最重要的是，两者背后的心理动机大相径庭。简而言之，极度节俭者热衷于储蓄，而存钱罐则讨厌花钱。因此，与存钱罐相比，极度节俭者对待金钱的态度会更加平和，更加心安理得。

存钱罐的行为，难道仅仅是因为缺钱吗？问题的关键所在，其实也并非收入问题：存钱罐觉得花钱痛苦，并不是因为他们没有太多钱可花。在多次调研中我们发现，存钱罐和购物车之间的收入并没有差异。尽管一些存钱罐目前确实正处在经济困境中。

例如，在《纽约时报》的调查中，数据显示，8% 的存钱罐收入低于 10 000 美元，但 9% 的购物车也处于同样境况。而且，相比之下，存钱罐的储蓄远多于购物车，信用评分也明显更高。虽然在面对经济困难时会做出一些适当的吝啬行为，但总体而言，存钱罐的财务状况相对较好。

但这并不能让存钱罐在财务上感到安心舒适。财务幸福感的主观感受与客观现实只有微弱、松散的关联，并没有直接相关性。这种脱节在最近的一些令人啼笑皆非的“财务忏悔录”中就得到了体现。例如，广受欢迎的“金融武士”（Financial Samurai）博主山姆·道根（Sam Dogen）认为，至少需要 35 万美元的年收入才能在大城市勉强维持“中产阶级的生活方式”。为了佐证自己的观点，他给出了一个预算，这让他的粉丝们竞相寻找“世界上最小的小提琴”（这是美国俚语，通常用来讽刺那些因为一些微不足道的事情而抱怨或自怜的人，此处暗指这件事微不足道，不值得关注）。

从建议的条目来看，这位预算员并没有真正感受到财务上的压力：大额的 401(k) 计划（指美国工薪阶层的一项退休储蓄计划，员工自愿从税前收入中扣缴储蓄，而后由雇主提供匹配供款）和 529 计划（指美国教育储蓄计划，目的是帮助家庭为孩子的未来教育储备资金）支出、一套价值为 180 万美元的房屋的抵押贷款，以及数千美元的慈善捐赠。同样，社会学家瑞秋·谢尔曼（Rachel Sherman）在采访纽约的富人时也发现，大多数人并不认为自己“富有”或“富裕”。他们通常会将这些标签贴到那些看起来更富有的朋友（如拥有私人飞机的人）身上，而谦逊地自称“不穷”。

“我只是一个拥有财富的穷人”

在生活中，人们为了应对某种情况而做出的决策，有时会因局势的变化而陷入困境或将自己弄得措手不及。例如，当你初入职场时，低调行事、谨言慎行，在开会的时候多听少说，避免发表可能引起争议的言论，这些似乎都是明智之举（至少这是我作为新晋教授首次参加系会议时希望自己能遵循的金科玉律）。然而，随着时间的推移，你已不再是新人，继续保持这种被动姿态不仅不会被他人看好，反而可能会对组织造成负面影响。

这种思维模式与精神病学家杰弗里·杨（Jeffrey Young）提出的“图式疗法”有着异曲同工之妙。杨及其团队认为，在充满挑战的环境中成长的孩子往往会发展出适应性很强的应对方式，这些方式“可以被视为健康的求生策略。但随着孩子慢慢长大，这些应对方式可能会变得不再适用，因为它们仍维持着原有的模式，即使环境发生了变化，个体有了更好的选择”。这也正如诗人伊波妮·戴维斯（Ebonee Davis）所言：“当你茁壮成长的时候，你为生存而打造的工具并不会真的帮到你。”

在并不富裕的岁月里，有些守财奴似乎培养出了一种对花钱的抵触心理和保护性反应。后来，即使他们的财务状况有所改善，他们也很难摆脱在资金紧张时期养成的心态。加夫列尔·加西亚·马尔克斯（Gabriel García Márquez）在《霍乱时期的爱情》中描绘了这样一个典型案例。弗洛伦蒂诺·阿里萨（Florentino Ariza）的叔叔利奥（Leo）白手起家，最后成了一名极其成功的企业家。尽管他积累了巨额财富，却鲜少追求奢华，"吝啬"得出了名。他从未真正感受到自己的富有。正如马尔克斯所说：

> 当有人质疑他的财富时，没有人能比他本人更准确地描述自己。"不，我并不富有。"他表示，"我只是一个拥有财富的穷人，这与真正的富有截然不同。"

戴蒙·扬（Damon Young）是 Very Smart Brothas 的联合创始人之一，他将这种心态称为"破产后应激障碍"。在经历了大约 35 年"破产或濒临破产"的生活后，扬在职业上的一系列成功，彻底地改变了他的财务状况。他渴望享用现有的财富，却发现"破产的阴影历历在目，如同昨日般新鲜且根深蒂固，又如同附骨之蛆，深植于你的脑海"。尽管他的汽车贷款已全部还清，但街道上卡车倒车的声音仍会让他担心，自己的车即将被拖走，就像几年前那样。

扬担心自己的成功是脆弱的，他表示："我甚至连大声地承认自己非但没有陷入财务困境，反而生活越来越兴旺这一点，都感觉是过分的，是带着冒犯的，这就像是在挑衅那些破产的哨兵，看看他们能否把我从门廊里拖回困境一样。"

莫娜·沙拉比是《卫报》的编辑，也是本章开头引言的作者，她对个人财务安全的脆弱性同样心存忧虑。她说："我怕一旦让自己接受现在有钱了这一事实，若日后贫穷再次降临，这时的打击将会更沉重。"诚然，职业成功带来的财务保障，随时都有可能因糟糕的决策和坏运气的叠加而转瞬即逝。围绕着"破产的体育明星"这一主题，很多网站应运而生。像《发展受阻》(*Arrested Development*) 和《富家穷路》(*Schitt's Creek*) 这样的美国情景喜剧，进一步加深了人们对于从富贵跌落到贫穷这一悲剧的想象。[3] 富有的人们或许不应完全忽视这种可能性。人们对负面结果的心理承受能力，有一部分取决于最初的担忧程度。凯特·斯威尼 (Kate Sweeny) 及其同事研究发现，当人们对结果抱有过高期望时，他们对坏结果的感受会比一开始就预期结果会很坏时更糟。要深刻体会到这一点，只需回想一下 2016 年的大选之夜，希拉里·克林顿的支持者在贾维茨中心所经历的那个难忘时刻。但大多数时候，担心自己会从富裕生活跌落至财务崩溃都是徒劳的，这种无谓的忧虑只会助长不必要的吝啬行为。

你今天花的钱，明天会后悔吗

在商业世界中，机会成本是一个不可忽视的概念，它凸显的是选择与放弃的智慧。如果你担心钱花光了，那么你可能就会对机会成本比较敏感，即你现在的消费意味着未来要放弃什么。理性地讲，我们在做出消费决策时应该权衡机会成本（或者至少表现得像是在权衡）。那些看似诱人的选择越吸引人，我们就越不应该购买。然而，在现实生活中，很少有人能用机会成本来解释价格。零售商通常不会主动帮助消费者思考，他们在做出今天的消费决策时，也相应地放弃了未来可能获得的价值。当然，也有例外的情况。比如，美国最大的有线电视公司康卡斯特（Comcast）在推出无限流量包“Xfinity Mobile”时播出的一则广告就强调，选择他们的服务，而非更昂贵的竞争对手的服务，可以让消费者额外获得哪些商品。这种策略不仅提升了消费者的购买体验，也巧妙地引导他们认识到，每一次消费选择背后，都隐藏着机会成本。[4]

有些人天生就对机会成本有着敏锐的直觉。深入探究“贫困人群的心理世界”，你就会发现，他们几乎每天都在与来自经济方面的挑战正面交锋。例如，想象一下你与朋友外出小聚，大家决定凑钱买一瓶不错的葡萄酒来为其中一位朋友的生日助兴。此刻，你的脑海中会浮现出怎样的念头？阿努伊・沙阿（Anuj Shah）及其团队研究发现，那些高收入人群倾向于考虑一些非经济因素，比如什么样的葡萄酒能让大家尽兴，喝酒后可能需要多久才能开车，以及在自己生日时希望朋友如何为自己庆祝。而低收入人群关注更多的则可能是他们需要花多少钱来为这瓶葡萄酒买单。这些思考往往进一步转化为，当前的消费将导致未来必须放弃些什么。这段文字也揭示了一个深刻的社会现象：经济状况如何塑造我们的思维模式和决策过程。

金钱心理学实验室

TIGHTWADS AND SPENDTHRIFTS

对于精打细算的人来说，无论他们的财务状况如何，机会成本的概念总是如影随形。例如，肖恩·弗雷德里克（Shane Frederick）及其团队做了一个实验，他们邀请参与者设想自己刚刚赢得了 1 000 美元，且正在为购买立体声音响系统而逛商场。摆在他们面前的是两个选择：价格实惠的 700 美元音响和品质高端的 1 000 美元音响，他们需要做出选择。对于部分参与者而言，选择 700 美元的音响意味着“还给你剩下了 300 美元”，这凸显了购买 1 000 美元音响所放弃的机会成本。当机会成本被明确指出时，购物车选择更经济选项的可能性是没有指出时的两倍，这表明：他们之前并不习惯用这种思维方式思考问题。相比之下，设置的这种框架并不会影响存钱罐，无论实验者如何设置选项，机会成本对他们来说都是重要的考量因素。存钱罐总是倾向于选择700美元的音响。

莫娜·沙拉比也完美地捕捉到了这种存钱罐心理：

一件400美元的夹克，有时又不仅仅是一件价值400美元的夹克。它本可以是30美元的夹克，加上一个月的水电煤气费，再加上一周的食材开销。所以，当我穿上这件400美元的夹克时，我感受到了浪费，以及不必要的奢侈。它就像压在我肩膀上的一个错误决定，优雅而沉重。

对此，行为学专家们也在探讨：情绪是直接导致行为，还是通过认知间接塑造行为？例如，愤怒似乎并不直接推动我们去冒险，而是通过改变我们对情境的控制感，让我们对风险持有更加乐观的态度，最终做出更大胆的冒险行为。而在消费行为中，支付之痛、对机会成本的考量以及对未来贫困的担忧，三者相互作用：支付之痛会引发对成本的思考，而思考成本反过来又加剧了支付之痛。

贪小便宜吃大亏

关于机会成本和未来境遇的焦虑与沉思，这所有的一切，真的像我描述的那样糟糕吗？我认为，凯撒大帝（Julius Caesar）的话颇具启示性。他曾说过："懦夫在未死之前，就已经死过好多次；而勇士一生只死一次。"虽然这明显不是在谈论存钱罐，但这一观点与他们的境遇也有一定相似之处。**对于存钱罐而言，花钱是一种痛苦，但总是不花钱也是痛苦的。**这与飞行体验不尽相同。在不舒适的飞行中，你可能后悔自己没有为更宽敞的座位买单，然而一旦着陆，你就会迅速忘记那种痛苦。花钱是关于承受后果的问题。

沙拉比精准总结了这一现象：

> 我舍不得给自己多花一分钱，这对我是不利的，也害苦了自己。这意味着：我去找了一个收费不高但也缺乏资质的心理医生，当我告诉她我的担忧时，她只会耸肩说"没办法"；或是我选择了一个收费低廉的皮肤科医生，结果他让我得了皮疹；又或是我连续工作了 4 年而没有休假，这最终导致我身心俱疲，且疲惫感深入骨髓。

在我的研究中，也发现了类似的情况。以下是《泰晤士报》在调查中，一些存钱罐报告的典型挫败感：

> 我们的浴室没有安装取暖器，洗澡时需要一个小电暖器，但这对我来说，似乎是一种奢侈。所以每次洗澡时，我都会后悔没有买一个。
>
> ——女性，23 岁，撰稿人
>
> 在上次出门约会时，我应该带妻子去那家她钟爱的高档餐厅，但最终我们还是选择了价格亲民的“红宝石星期二”（Ruby Tuesday）。我之所以没有选择去高档餐厅，是因为我觉得那里的食物价格昂贵且不合我的口味，但我知道妻子喜欢，当我否决了去高档餐厅这一选择时，我看到了她眼里的失望。所以对于没有选择那家昂贵的餐厅，我确实感到后悔，至今仍然耿耿于怀。
>
> ——男性，28 岁，律师
>
> 我需要将头发的颜色调亮一些。我很想去挑染，但这看起来过于奢侈……而且这意味着未来我将持续不断地在这方面投入金钱。可不染的话，每次照镜子，我都感到沮丧。我总是在想，我应该去染，但我知道自己永远不会真的去染。
>
> ——女性，31 岁，产品营销经理

> 我需要一双新鞋，虽然我找到了心仪的款式，却没有立刻购买，因为这双鞋比我的预算高出 10 ～ 15 美元。我决定等到打折时再买。但我现在的鞋子已经不合脚了，穿着走路总是不适。
>
> ——男性，57 岁，工程师

从理论上看，有些问题还是能解决的。比如，直接去挑染头发和购买电暖器就好，尽管我并不抱太大希望他们真的会去做。然而，还有许多决定其结果都是不可逆转的。比如，当《歌舞青春》（*High School Musical*）音乐剧巡演团造访本地时没带孩子去看；错过了家庭聚会或与朋友的度假；旅行时没有买下那本稀有的书或艺术品。

需要留意的是，这些令人遗憾的决定带来的影响，并不局限于那些吝啬之人自身，还可能波及他们的家人和朋友，甚至会对雇用存钱罐的组织产生影响。吸引和打动客户有时需要慷慨解囊。比如，美国奈飞公司对员工的报销账户不设上限；相反，他们的政策仅仅是“以奈飞的最佳利益为行动准则”。[5] 当需要慷慨消费时，你需要警惕记者劳伦·韦伯（Lauren Weber）所说的“报销账户存钱罐”问题，有些员工对支付的痛苦感会泛化到使用公司资金上。俗话说，“不花钱就赚不到钱”，这似乎不无道理。但你也不能根据这条建议就挥霍无度。奢侈的支出是美国联合办公空间公司 WeWork 快速衰落的一个原因。WeWork 曾是一家提供共享办公空间的公司，在巅峰时期，其私有估值高达 470 亿美元。WeWork 的联合创始人兼首席执行官亚当·诺依曼（Adam Neumann）曾不惜一切代价在公司和他自己身上制造话题，结果，此举最终导致公司现金枯竭。正如作家艾米·费尔德曼（Amy Feldman）和萨曼莎·沙尔夫（Samantha Sharf）所言："无论是从让 2 000 名员工从 15 个国家飞到英国某乡村参加为期 3 天的派对和公司发布会来看，还是从毫不吝惜地花费 6 000 万美元购买一架豪华的湾流 G650 飞机来说，诺依曼在花钱上都像罗马皇帝一样。"

为存钱罐正名

我无意对存钱罐持全然否定的态度。通常来说，存钱罐财务状况良好，这一点难能可贵。生物文化人类学者伊丽莎白·斯威特（Elizabeth Sweet）记录了债务"深入骨髓"的几种方式，这些方式均对我们的身体和心理健康产生了许多负面影响。负债累累的人可能会放弃昂贵的医疗护理，他们中的一些人可能需要承受着身负债务、管理债务以及思考债务的压力。

金钱心理学实验室
TIGHTWADS AND SPENDTHRIFTS

王琦燕（Qiyan Ong）及其团队的最新研究表明，减轻债务负担能显著减少焦虑并释放“认知带宽”。在一家新加坡慈善机构的帮助下，他们为低收入家庭随机分配了不同额度的债务减免（有些家庭的减免额度高达 4 000 美元）。那些完全还清债务的人，在随后的一项经典的执行认知功能测试中表现得更好。偿还债务的总额并没有影响表现，这与我对债务厌恶的研究结果一致——人们更烦恼于两笔 100 美元的债务，而不是一笔 200 美元的债务。债务（尤其是分散的债务）使我们身心俱疲，损害了我们的认知功能。存钱罐能更巧妙地避开这些负面后果。

另外，存钱罐在很多方面都很慷慨。比如，在经济上，他们对自己的未来就很慷慨。这听起来可能有些滑稽，但人们有时会将未来的自己想象成另一个人——不是陌生人，而是他们熟悉且关心的人。存钱罐出于对那个“他人”福祉的关心会采取相应行动，他们这时的消费行为就很慷慨。而对于那些最终可能会从存钱罐行为中获益的实际“他人”（比如配偶和孩子）而言，就更不要说了。此外，当我请存钱罐和购物车报告他们上个月在几个不同类别的支出行为时，发现两种人在慈善捐赠方面的金额是相同的。除此之外，存钱罐在几乎所有其他方面，从衣物到彩票再到健身，花费都远少于购物车。

因此，存钱罐的生活在某些方面是令人钦佩和羡慕的。但购物车也有他们的优点！显然，我对此是有偏见的，但数据能说明问题。在下一章中，应如何看待购物车，我想，你会给出自己的评判。

第 2 章

购物车的心智大脑

存钱罐	购物车
• 虽然储蓄较多，但是幸福感较低	• 虽然拥有短期愉悦，但生活中隐藏着长期风险
• 最极端的存钱罐用在收入变化预测上的精力是支出变化预测的 2 倍	• 最极端的购物车用在收入变化预测上的精力是支出变化预测的 14 倍以上
• 通常不会为了满足已知需求而购物	• 往往会为潜在需求或期望的生活方式而购物

小萨米·戴维斯（Sammy Davis Jr.）因其对花钱之痛的免疫而闻名。就像我们之前提到的一些存钱罐一样，戴维斯也经历过一些艰难的岁月。从军队服役归来后，他在一家小型俱乐部作为威尔·马斯汀三人组（Will Mastin Trio）中的一员进行表演。但与一般的存钱罐不同，他不再害怕面临财务压力时的恐惧。对于娱乐业人士来说，金钱只是一种享受当下生活的手段。如果钱只是静静地躺在银行账户里，那么它对任何人而言，还有什么好处呢？在戴维斯的第一本自传——《我能行》（*Yes I Can*）中，他回忆起马斯汀对他挥霍无度的一次指责。戴维斯却认为，马斯汀才是在消费理念上有问题的人：

> 看看你穿的那套西装，这是你 4 年前就穿的那套。你还住在美国最便宜的房间里，不是吗？我们每周赚 5 000 美元，你从中得到了什么？一本存折？……钱从来不是我一周工作的报酬。从来不是！当我们辗转在不同的城镇并挨饿时，我并没有想

过："总有一天我会拥有很多钱。"我想的是："总有一天我们会成功，我会像个人一样生活。我会去追寻我想要的诗和远方，我能做任何我想做的事！"

在本章中，我们将更深入地探讨戴维斯的故事。畅销书《我能行》堪称本章的必读参考书——戴维斯完美地描述了购物车做出挥霍行为时其心理的方方面面。与此同时，我们也可以思考一下，导致这种消费行为的背后因素是什么。我们已经了解到，购物车通常不会反复思考机会成本，也不会因担心破产而恐惧。然而，这背后还有很多故事。我们需要从研究购物车如何看待自己的收入和支出开始。

看得到收入，看不到支出

诺贝尔经济学奖得主理查德·塞勒（Richard Thaler）首次提出了行为经济学的基石之一是"心理账户"：这是一个对交易进行编码、分类和评估的不完美过程，部分目的是"控制消费"。例如，如果我觉得自己外出太频繁，我就可能会设定一个严格的每月"娱乐"预算。但执行此类预算时，往往会碰上不清楚哪些购买行为应计入预算的模糊性问题。比如，在酒吧智力竞赛之夜的花费应算作"娱乐"支出，还是"外出就餐"

支出？这里有很大的争论空间。尽管如此，用心设定各类预算还是很有帮助的，因为这样金钱就不能轻易在账户间转移了。当一个月的可用娱乐预算花光时，你不能简单地挪用杂货预算余额以补充娱乐预算不足。这种“不可替代性”也适用于收入。比如，玩乐时赢来的钱（如在“疯狂三月”办公室资金池中赢得 100 美元）比正经收入（如收到 100 美元的所得税退款）更容易被花掉。正所谓：钱来得快，去得也快。

金钱心理学实验室

TIGHTWADS AND SPENDTHRIFTS

但是，并非人人都能精确地做好心理账户工作。张仪玮（Yiwei Zhang）及其团队的最新调研显示，仅有不到 40% 的人会做正式预算规划。当被要求列出他们使用的预算类别时，最常见的两个类别是“食品”和“账单”，这表明，即便是正式预算，也往往会留有足够的模糊空间，有回旋余地。《泰晤士报》调研发现，购物车更倾向于做非正式预算规划，或者根本不做预算规划。与存钱罐相比，购物车很难同意存钱罐下面的说法：“我会密切关注自己的消费行为”；“在社交场合，我通常很清楚自己花费了多少”。[1] 鉴于存钱罐通常对数字更敏感，并且担心钱被花光，这个结果并不意外。而购物车常常在没有严格预算约束的情况下购物。之所以会这样，是因为他们不愿直面预算超支这一事实。这种现象被称为鸵鸟效应：如果预期消息不佳，我们往往会选择回避，不去寻找它。

我们的消费行为不仅受当前财务状况影响，还受未来预期的驱动。所以，即使当前资金紧张，可如果预期财务状况很快就会改善，那么适度放宽消费也未尝不可。那么，我们如何估算未来会有多少闲钱或有多大“财务弹性”呢？从逻辑上讲，我们应该同时考虑收入和支出的变化：如果预计明年的收入和支出会各增加 1 000 美元，那么明年可用的闲钱不会增加。这是基于人们对收入和支出预测同样抱有信心的假设，乔纳森·伯曼（Jonathan Berman）及其同事发现，通常来看，情况确实如此。

金钱心理学实验室
TIGHTWADS AND SPENDTHRIFTS

然而，伯曼团队的研究还发现，我们身边普遍存在“忽视支出”现象：在预测财务弹性变化时，我们倾向于更多地考虑收入变化情况，而忽视了支出变化。例如，如果我在考虑未来的收入变化时加倍仔细，并且预计，明年我的收入和支出会各增加 1 000 美元，我就会预期到，我的闲钱有可能会增加 500 美元。忽视支出可能会导致消费放宽，进而导致做出并非最优的财务决策。

例如，在生活成本差异巨大的城市之间选择工作时，你可能会因为更高的薪水而选择在成本更高的城市工作。

伯曼和团队成员还发现，即便是存钱罐，他们身上也存在忽视支出的情况。在预测财务弹性变化时，与支出变化预测相比，样本中最极端的存钱罐甚至会将双倍的精力用在收入变化预测上。购物车更是将这一现象推向了极致：最极端的购物车在预测收入变化时，其花费的精力是预测支出变化时的 14 倍以上。此时的他们几乎完全忽视了自己的支出变化。如果这些购物车预计他们明年的收入和支出各增加 1 000 美元，他们就会觉得自己明年将会有近 1 000 美元的额外闲钱可供使用。在购物车的心中，支出并没有占据重要位置。

“破罐子破摔”，花得越多越想花

当购物车意识到自己已经花费了很多钱时，情况就会变得更加肆无忌惮。如果你最近已经大手大脚地花了不少钱，那么再多花一点，看起来情况也不会有多大变化。以小萨米·戴维斯为例，当他的商务经理提醒他已经负债 10 万美元，并让他不要再如此挥霍时，戴维斯直接走到街上，为经理买了一个金色的香烟盒，并额外支付了 600 美元的雕刻费用。上面写着："感谢你的忠告。戴维斯敬上。"他的想法是："反正我已经欠了 10 万美元，再多 600 美元又何妨。"

近几十年来，行为科学家们一直在研究"破罐子破摔"效应。这一概念最初是由彼得·赫尔曼（Peter Herman）和珍妮特·波利维（Janet Polivy）这一对著名的饮食研究者在 20 世纪 80 年代提出的。要理解这一现象，可以设想一下：正在节食的你，假期去亲戚家拜访。一天午餐后，你的姨妈坚持要你尝尝她自制的核桃派。你犹豫不决，她不依不饶。最终，你屈服了。她兴高采烈地给你端来了一大块，还配上了一勺香草冰激凌。尽管你内心很矛盾，但几分钟后，你的盘子就空了。你几乎已经消耗掉了全天的卡路里预算。现在怎么办？你可以尝试在一天的剩余时间里严格控制饮食，以减少损失。你也可能会和大多数节食者一样，觉得既然今天已经毁了，那么干脆豁出去了，好好享受吧。正如赫尔曼和波利维所说，这时的人们进入了一种"热量放纵的主观状态"。

这类心理动态并不仅限于饮食。市场研究者已经证实了一种"购物惯性"现象：在初次购买之后，随后的购买会变得更加容易。一旦钱包被打开，人们就倾向于保持钱包开启状态，此后很难再合上。有些商家深谙此道。想象一下，当你踏入塔吉特[①]时，你就会遇到那些价格亲民的便宜商品。塔吉特的策略是：尽快让你的购物车里有商品，然后激发出你的购物热情。汽车经销商也明白这一点，顾客在购买汽车后（即一旦他们建立起了购买势头），他们就会添加一些之前他们永远也不会单独购买的花哨配置。

购物车报告说，他们非常容易陷入购物冲动，产生“豁出去”的心理。他们经常是奔着一件商品去的，结果却失控地买了一大堆。以下是《泰晤士报》在一次调查中，由购物车提供的两个具有代表性的案例：

> 上个月，我加入了一个读书俱乐部，本打算去书店买一本不到 10 美元的书，结果却在不知不觉间花了 130 美元，买了一堆我并不需要的书和杂志。
>
> ——女性，48 岁，中学教师
>
> 我在 Bed Bath & Beyond[②] 买了一个超声波珠宝清洁器。当时，在店里看到琳琅满目的商品后，我随手

① 塔吉特（Target），有时被称为“一元区”或“靶心游乐场”，美国折扣零售店的鼻祖。

② 美国家居零售巨头。——编者注

拿了几样东西，购物惯性让我买了自己其实并不需要的东西。

——女性，32 岁，神经科学博士后研究员

“我宁愿拥有它，而不是寻找它”

这是我最喜欢的播客节目《问问罗娜》（*Ask Ronna*）中的一句常见台词。由杰西卡·查芬（Jessica Chaffin）饰演的罗娜·格利克曼（Ronna Glickman）就是这样鼓励听众大量囤积“问问罗娜咖啡”的。这句话似乎揭示了购物车的一个重要心理特征：我们宁愿买多了，也不愿意买少了。有时，我们会一次性购买大量的某种商品。例如，小萨米·戴维斯的传记作者盖瑞·费什加尔（Gary Fishgall）就指出，戴维斯“不是一次只买一套西装，也不是两套或五套，而是一次买了二十套”。参与《泰晤士报》调查的购物车经常会分享一些类似的经历：

我在 Gap 打折时囤了一堆内衣。我试着说服自己：我需要它们。但事后我还是因买了太多、花费了 200 美元而感到内疚。

——女性，26 岁，记者

我想为工作添置几套新西装。没等到节后促销，

> 我在 12 月就去了商店，买了三套（原本只打算买两套）几乎全价的西装，这些西装比我原计划中的贵得多，我还买了昂贵的衬衫和领带用来搭配。虽然我很喜欢这些衣服，但我还是感到后悔，这显然影响了我做其他事情的可能。比如，我一直很期待的那种假期似乎又渐行渐远了。
>
> ——男性，30 岁，公司律师

更有趣的是，**购物车往往会为潜在需求或期望的生活方式而购物**。在阅读下面的购物车反思时，请注意他们与存钱罐之间的截然不同之处，后者通常不会为了满足已知需求而购物（如高收入的存钱罐会忍受不舒服的鞋子的折磨，直到他心仪的鞋子打折）：

> 我入手了一件昂贵的 Max Mara 羊绒夹克。它款式优雅，色彩迷人，触感柔软，让我爱不释手。我最终决定买下它，是想着将来的某一天，在重要的面试或演讲场合能派上用场。但我很快就后悔了，因为我发现，它在不久的将来对我丝毫没有什么用处。倘若再考虑到它的价格，穿在我身上的效果就并不那么物超所值了。
>
> ——女性，34 岁，软件工程师

> 最近，我购置了一个高品质的保温杯，打算用它装着自家煮的咖啡去上班，这样就不用几乎每天早晨都往星巴克跑了。然而，我已经一周多没碰过它了……我怀疑，未来我也不太可能会经常用到它了。
>
> ——男性，21岁，行政助理
>
> 我在大都会博物馆多买了一张艺术海报，并把它作为给我儿子的备选礼物，因为我不确定他是否会喜欢我先前挑选的另一张。事后我很后悔买了这件商品，因为它没有派上用场，而且我也知道自己认识的人中大概没人会喜欢它。当初我为什么要买它呢？
>
> ——女性，64岁，目前未就业
>
> 我经常购买一些最终会被束之高阁的视频游戏……我自诩为游戏收藏家，在这个爱好上花费早已超支。其实，我本可以等几个月，待游戏价格下降（从60美元降至20美元）时再购买的，这样也可以更全面地权衡一下哪些游戏我会真正去玩，从而节省一些开支。
>
> ——男性，26岁，IT支持

我对于那种“以防万一”或“也许我会用到”的购物行为再熟悉不过了。2014年，我作为市场营销教授参与了一个调研项目，我们需要访问广告公司并了解其内部运作机制，为此，我在芝加哥待了几周。每天返回酒店的途中，我都会路过一些安娜堡（Ann Arbor）没有的高端商店，所以我也经常会进去逛逛。在萨克斯第五大道，我被一双由 To Boot New York 推出的精美蓝色仿麂皮乐福鞋深深吸引。这双鞋不同于我一贯的风格，我很清楚，而且，密歇根州经常下雪，道路很泥泞，并不适合穿这样的鞋，但我觉得，它们会为我的教学和其他演讲增添一些时髦的点缀。对此，店员礼貌地提醒我，这是“开车鞋”，并不适合正式场合。这让我犹豫了，我花了好几天时间来做决定。最终，我想象出了足够多的可能用途来证明我有史以来最贵的一次购鞋决定是正确的。我偶尔会对这个决定产生怀疑，我妻子也是。但我必须承认，穿上这双鞋的五六次经历，让我非常享受。

为什么购物车会急不可耐地想要消费

在谈到购物车时，我们不得不提的是，他们缺乏耐心、心态急躁。从经济学的角度来看，我们大多数人都会对未来进行“贴现”处理：我们更关心即时的结果，而不是延迟的回报。至少，大多数人的行为表现得似乎都是如此。这并不意味着我们希望所有的好事都尽快发生，所有的坏事都尽可能推迟。有些时候，我们乐于期待并为即将到来的事情感到兴奋；也有一些时候，我们希望尽快结束不愉快的事情，不想一直担忧。但总体来说，**人们普遍缺乏耐心，购物车比存钱罐更加急不可耐。**[2]购物车并不想延迟获得自己喜欢的东西，他们缺乏耐心，这往往会导致他们做出一些事后会后悔的消费决策：

> 最近，我决定再买一本关于教学的专业书籍。其实我可能并不需要它，如果等到 4 天后的 1 月 20 日再买，我可以享受到 25% 的折扣。但我没有等待，这在我看来相当荒谬。
>
> ——女性，49 岁，小学教师
>
> 我将旧手表送去修理后，又买了一块新手表。我本应耐心等待旧手表修好的。实际上，它已经修好了，现在完全能用。其实我并不真的需要第二块手表，我可以再等几个星期的。不过，新手表确实很漂亮。
>
> ——女性，30 岁，自然科学教授
>
> 我买了一辆我确实需要的新车，但我选择了一款我可能并不需要的豪华车型。我离婚了，需要卖掉原来的房子来支付新车和新房子的费用。房子正在市场上出售，但我没等它卖出去就买了新车，并申请了房屋净值贷款。
>
> ——女性，49 岁，瑜伽工作室经理

这些故事引出了一个问题："为什么购物车没有从过去的错误消费中吸取教训？"不必要的、令人失望或超出预算的购买带来的后悔，难道不会阻止随后的非理性消费吗？还真不一定。有许多心理因素会阻碍人们从令人后悔的经历中得到教训。

第一，从经验中学习通常需要"惊喜"。如果我在购物时意识到自己可能犯了错误，而结果也确实如此，这里就没有惊喜可言，自然很难想去学习。购物车经常能预料到一些错误：

> 我在书店买了太多新书。其中有打折的传记和全价的故事集。现在我有些后悔了，因为我没有足够的钱用来这样挥霍。其实我在买书的时候，我就知道自己会后悔的。
>
> ——男性，21 岁，学生
>
> 我为孩子们添置了他们并不需要的衣物。之所以会买，是因为它们的价格很划算。结果，我花了本该用于其他地方的钱。
>
> ——女性，33 岁，全职妈妈
>
> 我为妻子选了一个包。尽管明知自己的开销已经远远超出了预算，我最终还是买下了它，因为我怕因价格问题放弃购买而感到尴尬。现在，我后悔买了它。
>
> ——男性，42 岁，私人教师

第二，如果产品体验与预期存在一定偏差，我们往往会扭曲自己的预期，认为自始至终我们都清楚自己对这次购买的真实感受。既然如此，在这方面也就没有什么可学习的。

第三，日常生活中有太多的错误，以至于我们无法记住并从中吸取教训。我是多么希望我的生活中只有购物的错误啊！但实际上，我还得面对饮食上的错误、锻炼上的错误、职业选择上的错误、电子邮件措辞上的错误、育儿上的错误……就此打住吧，但你明白我的意思。在谈到学习机会时，我们简直是富得流油，多到令人应接不暇。

他们真的只是爱花钱吗

“购物车”可能是一个令人困惑的词。它看起来有些自相矛盾，似乎指的是“以节俭方式花钱的人”。但这里的“节俭”是一个名词，意思是“储蓄”，正如它在17世纪时的含义与用法。因此，从传统意义上来看，购物车被定义为那些不顾后果地挥霍自己积蓄的人。对这个术语的随意使用很容易引起混淆，但人们就是喜欢随意使用这个词。比如，《华盛顿邮报》说，“美国人都是购物车”；《波士顿环球报》说，我们的国家是一个“购物车的共和国”；《华尔街日报》说，我们还需要担心“美国最挥霍的州”。

因此，明确购物车心理和行为的边界是很有必要的。我们能否仅凭一个人的消费行为和债务水平就判断他是购物车？如果我们知道有些人的消费水平远远超出了他们的经济能力，并且他们还背负着沉重的债务，我们是否就可以将他们认定为购物车？绝对不能。背负许多债务，其成因很有可能与支付的痛感减少、奇特的心理账户或购物势头无关。债务往往是由收入不足、种族歧视、沉重的医疗费用或是超出个人控制的恶劣因素导致的。要想了解人们是否为购物车，你需要深入了解他们行为背后的心理动机。

许多研究人员都试图用心理学理论解释人们为何会毫无节制地花钱。例如，之前就有人质疑，购物车是否只是“强迫型购物者”。托马斯·奥吉恩（Thomas O'Guinn）和罗纳德·费伯（Ronald Faber）将强迫型购物定义为“对负面事件或情绪的主要反应，表现为持续、反复的购买行为”。强迫型购物者往往存在着情绪波动剧烈、过于焦虑和冲动控制障碍等问题。有研究显示，抗抑郁药物有助于控制强迫型购物。尽管购物车和强迫型购物者在给定的所有购物行程中的花费可能相似，但他们背后的心理动机却大相径庭。购物车似乎并未报告称，自己的购买行为受到了焦虑管理或情绪修复的驱动。

我们是否应简单地将购物车视为“物质主义者”呢？购物车喜欢奢侈品，并且经常能从花钱中获得快感，这些都是物质主义者的特征。但是，对于真正的物质主义者来说，花钱也是展示地位和给人留下深刻印象的一种重要方式。他们通过所拥有的物品来评价自己和他人。“以拥有定义成功”是物质主义者的核心特征，但这并不是购物车的主要行为动机。购物车当然也在乎他们的外在形象和社会地位，但这些顾虑通常不会成为驱使他们如此购物的根本原因。可以说，**购物车很物质，但这种物质的表现方式未必能被旁观者轻易察觉。**

再来说说贪婪。心理学界普遍将贪婪定义为“想要获取更多，且永不满足。换言之，贪婪是一种对更多事物永不知足的渴望”。“更多”可以涵盖很多方面。正如戈登·盖科（Gordon Gekko）在电影《华尔街》中所说的那样，一个人可能“对生命、对金钱、对爱情、对知识都怀有贪婪”。有些人（比如盖科）对贪婪持肯定态度，因为它能激发出人们追求目标时所需的动力，但哲学家、政治家和宗教人士通常都会谴责贪婪。政治家往往更愿意谈论“企业贪婪”的危险，部分原因是为了避免与贪婪的个体产生不必要的冲突。特里·斯恩基恩斯（Terri Seuntjens）及其同事开发了一个流行的测试表，用以评估个体长期以来的贪婪程度。该测试表的项目设置在某种程度上倾向于谈论人们对有形物品的获取意愿（如“我无法想象拥有太多东西”；“我一旦得到了某样东西，就开始考虑下一个我想要的东西了”)。不出所料，购物车在这个贪婪度测试表上的得分比存钱罐要高。如果测试表更加关注金钱或盖科所列举的其他事物，购物车可能看起来就不那么贪婪了。

在“金融素养”上，购物车的水平可能确实较低。如果你对与金钱有关的基础知识一无所知（如信用卡的利息是如何随时间增加而以复利形式滚动的)，那么你在管理钱财上可能就不会特别谨慎。关于购物车的金融素养，我最喜欢的一件轶事还是发生在小萨米·戴维斯身上。一次，他的一位业务经理提醒他说：

> “戴维斯先生，您是否清楚，在您执行的税率区间内，您必须赚多少钱才能还清债务？”
>
> “听着，既然你提起了，我就认真地问你一个问题，税率区间究竟是什么？”

丹尼尔·费尔南德斯（Daniel Fernandes）及其团队发现：购物车在金融知识测试中的得分略低于存钱罐。然而，金融知识匮乏并不是购物车的专属标签。

究竟何时享受美食、畅饮和快乐呢？

购物车这样花钱究竟有多糟糕？这真的是一种恶习吗？虽然我无法给出确切的答案，但在我们探讨这个问题之前，先让我们来看看以下这些观点：

> 我不会等到退休时还在死守着我的钱，然后像个老态龙钟的人一样，坐在那里打着嗝说："我在银行里存了 4 200 万。"
>
> ——小萨米·戴维斯
>
> 我不得不正视一个现实：我过分依赖于运气和才华。然而，过往所有的错误叠加在一起，已经将我拖累得有些步履维艰了：我的负面报道、那些因疯狂消费而导致的债务，似乎全世界都知道了。我不得不做出一些绝望的举动，比如违心地参加一些活动以及从每一个综艺节目中急切地捞取快钱。
>
> ——小萨米·戴维斯

作为一名挥金如土的人，上述这两段话深深地触动了我。戴维斯所描绘的那种财务自由的退休生活，看起来并不是一幅理想的图景。

经济学家艾米·芬克尔斯坦（Amy Finkelstein）、埃尔佐·鲁特默（Erzo Luttmer）和马修·诺托维迪格多（Matthew Notowidigdo）就提出了一个挑战性问题："没有健康，财富又有何益？"他们在分析了收入、健康和自我报告的幸福感数据后发现，我们从花钱（非医疗费用）中获得的快乐，随着慢性疾病数量的增加而减少。慢性疾病往往会随着年龄的增长而增加，对此，研究结果暗示我们，就幸福感而言，我们在年轻时更能从金钱中获得更大回报。根据这项研究，我们应趁年轻，尽可能多地用金钱把握好当下生活，不要成为那些只会打嗝的老年富翁。在某种程度上，购物车似乎已经领悟到了这一点。

再来看看关于"后悔"的研究。消费者研究员瑞恩·科维茨（Ran Kivetz）和阿奈特·凯南（Anat Keinan）询问了刚结束寒假生活的大学生，他们对假期有什么遗憾。让学生们更加后悔的是，假期花费过多。然而，当科维茨和凯南询问了 40 年前毕业的校友，让他们回顾大学时代的寒假时，他们的回答刚好相反：让校友们更后悔的是，当时在假期中花费太少，没有多花钱、多旅行，总之，不要过多地控制自己。正如作家詹

> 姆斯·布朗奇·卡贝尔（James Branch Cabell）所观察到的那样："没有比抵制诱惑的记忆更令人不快了。"购物车似乎更懂得应避免那种错过青春乐趣的遗憾出现。

当然，如小萨米·戴维斯在第二段话中所揭示的那样，很多人在终生沉浸于诱惑、放纵欲望后，最终会后悔当初没有选择不同的道路。回首往昔，他们希望自己年轻时能更多地考虑到未来。这种跨时间的割裂在医疗决策中尤为常见。当你问健康的人，如果他们病重，是否愿意忍受痛苦来延长生命时，很少有人表示愿意。但是那些现在正病重的人呢？他们更愿意接受痛苦的治疗。乔治·洛温斯坦曾指出："人们似乎对自己的死亡抱有一种轻率的态度，直到他们不得不真正面对它时。"

那么，包括购物车在内的所有人该如何面对这种困境呢？我们何时该用金钱把握当下，何时又该放弃代价高昂的放纵？答案取决于放纵的类型。消费者研究员常常会对物质购买（比如钻石项链）和体验购买（比如音乐会门票）进行区分，然而，有许多购买介于两者之间（比如山地自行车）。**对于物质购买，如果我们感到后悔，更有可能是后悔买了它；而如果我们对体验购买感到后悔，则更有可能是后悔没有买它。**所以，如果你有能力，那就去安排你一直都在考虑的假期吧。但是，和我不同，也许你应该放弃那双蓝色仿麂皮乐福鞋。

金钱心理学实验室
TIGHTWADS AND SPENDTHRIFTS

同样地，有最新研究表明，购买可以为你节省时间的服务（比如外包清洁）比购买物质商品更能有效地提升幸福感。但为这些服务付费可能会带来很多负罪感，新型冠状病毒感染疫情（简称“新冠疫情”）的暴发就进一步放大了与这些服务有关的伦理问题。所以，这是一个复杂的问题，但这些研究确实再次提醒我们，物质购买往往并不能像预期中的那样让我们感到快乐。

无论我们更像存钱罐还是更像购物车，如果想要对自己的消费和储蓄行为做出持久的改变，我们都能从理解营销行为如何有力地塑造购买行为中受益。现在，我们应该已经对那些精打细算的存钱罐和大手大脚的购物车的行为动机有了很好的理解，也洞察到了他们的行为对个人财务产生的影响。不管我们是倾向于节俭还是奢侈，如果想对我们的消费和储蓄行为做出持久的改变，我们需要理解与洞察市场营销是如何深刻地塑造这些行为的。像营销员那样去思考，我们就能有效地重构我们的消费和储蓄理念。让我们开启这场思维训练之旅吧！

TIGHTWADS AND SPENDTHRIFTS

NAVIGATING THE MONEY MINEFIELD IN REAL RELATIONSHIPS

第 3 章

给存钱罐与购物车的消费建议

存钱罐

- 对支付的感知度较高，消费时伴随着痛苦情绪
- 在预算中留出空间
- 往往会拒绝家人的非必要需求

购物车

- 对支付的感知度较低，消费时大脑中的神经元会分泌多巴胺
- 重视当下的满足
- 常常会用礼物代替对家人的陪伴

我热爱广告，因为我喜欢撒谎。[1]

——杰瑞·宋飞（Jerry Seinfeld）①

我们的消费偏好在财务决策中占据着举足轻重的地位，但它并非影响我们做出各项决策的唯一因素。心理学中有一个基本原理：我们的行为不仅会受到个人倾向的影响，还会受到这些倾向与所处环境相互作用的影响。以内向者为例，他们并不总是表现出典型的内向行为。在大众面前讲话时，他们常常精力充沛，兴奋不已。如果你只看到一位内向者在婚礼上发表了一段幽默的祝酒词，你可能完全不会意识到，这是个内向的人。如果你在祝酒之后与这个人进行了一番私下交流，你才有可能察觉到他的内向。

同样，在某些特定环境中，存钱罐与购物车之间的差异也

① 美国著名喜剧演员，以幽默和讽刺的风格著称。——编者注

没有那么显著。假设你受邀参加婚礼，新人只登记了昂贵的礼物，你可能会认为，有必要花费一大笔钱，不管你平时的消费倾向如何。这是一个极端的例子，但在日常生活中，当我们不确定应该花费多少时，销售人员总能说服我们以不同于往常的方式进行消费：应在享受即时的快乐上花费更多；我们可以通过今天在金融产品和服务上的投资，为未来多存点钱。在本章中，我们将深入探讨营销人员是如何说服我们改变消费方式的。我们可以从这些策略中汲取智慧，并将其应用于我们的生活中，改变那些令人烦恼的消费和储蓄方式。此外，我们还将学习如何运用最新的行为科学来增强自制力。

给存钱罐的 4 个消费建议

让我们先为那些想要变得慷慨一些的存钱罐制定一条行为指导方针。这个方针基于 4 个消费建议，我们将在下文详细探讨：

- 降低支付的感知度
- 重塑高端消费观
- 预留放纵的空间
- 重新审视你的财务状况

降低支付的感知度：让花钱变得不那么痛苦

在结账时，许多商家都很擅长一点：尽量将消费者对所花费金额的关注度降至最低。加油站明显是个例外，醒目的价格牌和加油泵上不断攀升的数字，使消费者对支付金额的关注度达到了最大化。现在，许多加油泵上会装有一个视频屏幕，大声地播放着新闻片段，以此分散车主对所花费金额的注意力。有时，商家为了让消费者对支付的关注度降至最低，会使用一些不太光明的欺瞒手段，比如在收银台添加商品标价之外的附加费用，这种有争议的做法被称为分割定价。实际上，最自然的做法是让支付变得便捷，或者像某些商店那样，鼓励顾客使用非现金方式支付。例如，在地中海俱乐部，顾客用珠子来支付饮料费用；几十年来，迪士尼乐园一直在鼓励游客将现金换成一种有趣的度假货币——迪士尼美元，每张都由财务主管史高治・麦克老鸭（Scrooge McDuck）① 签了名。

信用卡和借记卡是替代现金支付的常见方式。尤其是信用卡，在降低消费者对花费金额的关注度上效果显著。设想一个结账时的场景：你与收银员之间几乎毫无交流，如果用信用卡支付，你只需等待收银员说出一串数字，然后刷卡支付就好。[2]

---

① 迪士尼卡通中的一个人物，以富有且吝啬而闻名。——编者注

除非你担心被多收钱或超出了信用额度，否则完全没必要关注具体的总额。这与使用现金支付的体验截然不同。用现金进行支付时，你需要数清楚，确保你给收银员的金额至少等于你应支付的。购买后的即时反馈也有所不同：在交出现金后，你的钱包明显变轻了，而信用卡则没有这种直观的变化。借记卡介于现金和信用卡之间——与现金一样，使用借记卡购买时，你的可用资金会立即减少，但与信用卡一样，没有实际的购买后反馈。一些研究表明，人们使用借记卡的花费会比使用现金稍微多一些。但相比之下，信用卡比借记卡更能激发出人们的消费欲望。

使用信用卡的购物者往往记不住他们刚刚花了多少钱。与那些使用现金支付的人相比，那些经常使用快速通道（通行费自动计入信用卡，结算时直接从信用卡扣除）的通勤者往往不会太过在意需要支付多少金额。

金钱心理学实验室
TIGHTWADS AND SPENDTHRIFTS

在一项针对大学生的调查中，研究者们想知道，他们在离开校园书店后消费了多少。结果发现，与使用现金支付的学生相比，那些使用信用卡支付的学生能准确回忆出消费总额的可能性低了约 30%。有人可能会好奇，使用现金的人是否在本质上就与使用信用卡的人有所不同（如使用现金的人可能更细心或记忆力更好)。但后续的一个实验通过随机分配参与者使用某种特定的支付方式形式，同样发现了信用卡的使用会让人们很难准确想起具体的消费金额。这些记忆偏差的出现并非偶然——正如人们通常会低估他们刚刚消费的食物中的卡路里一样[3]，信用卡用户也会低估他们刚刚消费的金额。因此，使用信用卡支付的体验和记忆不会像使用现金那样强烈，因而也就不会带来太多痛苦。使用信用卡支付不会“留下痕迹”，换句话说，反复使用信用卡可能会让人们对支付习以为常，因此，他们的购买行为似乎就不太会带来过多痛苦了。

零售技巧的增强和支付技术的进步将不断强化这种条件反射。那些无须再让顾客动手操作信用卡或打开钱包的面对面支付方式，无疑会让花钱变得更加轻松、无感。例如，iPhone 用户只需将手机靠近非接触式读卡器，迪士尼乐园的游客只需轻刷他们色彩斑斓的内置了射频识别技术（RFID）的魔法手环即可完成支付。然而，这些支付方式还是会提醒我们支付行为的存在——iPhone 会展示你的信用卡图像，迪士尼游客在轻触魔法手环后还需输入四位数的 PIN 码。真正让支付变得无形的是亚马逊。你可能认为，我指的是他们的一键购买便捷服务，但不是。他们还有比这做得更为出色的。我指的是亚马逊 Go 便利店，目前，这些店铺分布在美国几个大城市的高档场所里。店内提供了现成的餐食和精致的小吃，它们的特别之处在于“即拿即走”技术：顾客只需在进店时扫描亚马逊应用程序（这是通过旋转门的必要步骤）、挑选想要的商品，然后就可以直接离开了，无须排队结账。通过“计算机视觉、深度学习算法和传感器融合”的综合运用，亚马逊能精确识别你放入购物袋的每一件商品，以及你在一番犹豫后最终放回货架的商品。尽管有人试图挑战这一系统，但想从亚马逊 Go 便利店偷窃几乎是不可能的。当你离开店铺时，信用卡会自动扣款。亚马逊会在你离开几分钟后发送收据给你，这种延迟且易于忽略的收据设计，有助于将消费带来的任何不适感与消费行为本身隔离开来。

金钱心理学实验室
TIGHTWADS AND SPENDTHRIFTS

让支付变得无形，这对存钱罐的影响非常明显。以马诺吉·托马斯（Manoj Thomas）和他的团队进行的一项模拟超市购物实验为例，参与者在开始时便被告知，他们最终可以选择用信用卡或用现金进行支付。结果发现，存钱罐用信用卡支付的金额明显高于用现金支付的，但支付方式对购物车的消费行为并无影响。其他实验也有类似的发现：减少对花费金额的痛感，有助于存钱罐放宽钱袋，但对购物车影响甚微，因为他们在考虑购物时本身就很少会感受到焦虑，因此，支付方式的改变对他们影响不大。

存钱罐可以利用以下建议来调整日常生活中的支付感知度。比如：

- 如果你经常使用现金或借记卡，不妨尝试一下信用卡。这不太可能会立刻影响你的消费意愿。刚刚讨论的模拟超市购物实验向我们展示了立即产生影响的可能性，那些参与者还在上大学——他们无须克服长久以来形成的对使用信用卡的抵触情绪。通过反复使用，你会逐渐感受到，自己在支付时的痛苦正在减少。然而，存钱罐在支付每月信用卡账单时不会感到痛苦吗？当然会，不过，信用卡将许多日常小痛苦集中成一个每月大痛苦，对存钱罐来说，这未尝不是件好事。与心理会计学相关的文献表示：当多次小额支付合并为一次大额支付时，它们带来的痛苦感会减轻。比如，一次性支付 100 美元比分两次支付 50 美元更容易让人接受。这是我们感知数量时的一个奇特现象：50 美元和 100 美元之间的差异，要比 0 美元和 50 美元之间的差异小。

- 你可以选择那些努力降低支付感知度的商店。亚马逊 Go 便利店并不是唯一精通此道的商家。如果你曾居住在美国铁锈地带（Rust Belt，即美国北部萧条衰败的工业区），或许会对 Von Maur 这家高档百货公司耳熟能详，它被当地人亲切地称为中西部的诺德斯特龙（Nordstrom，美国高档连锁百货商店）。我一直觉得，那里的售货员特别健谈。我不知道这是他们招聘的标准还是培训的结果，但无论如何，他们做到了！每当我在 Von Maur 购物时，我都要提醒自己先想一想："这个周末我有什么计划？"因为我知道，这将成为结账时与店员闲聊的话题。我确信，我为从 Von Maur 带走的商品付过款，但记忆中一片模糊，能想起来的只有那些轻松愉快的闲聊。
- 尝试减少那些五花八门的支付提示和确认信息。你需要通过短信和电子邮件来确认每一次的自动扣款吗？大多数情况下，每月需要支付的金额变化都不会太大（房屋租金 / 按揭贷款、电话费 / 网络费、订阅服务等都相对固定），所以这些提示并没有提供太多有价值的信息，反而可能会给你留下钱财正不断流失的印象，让你减少了在其他地方消费的意愿。

- 如果你计划乘坐邮轮或去度假村度假，不妨尝试预付全包式服务套餐，这样你就可以在不受成本干扰的情况下尽情享用饮料和美食。名人邮轮（Celebrity Cruises）公司坦诚地强调，所有套餐中都包含了小费。

重塑高端消费观：买得贵≠买得值

我们购物时，往往不太关注产品的耐用性，这完全可以理解。旅行与科学记者萨拉·阿曼多拉雷（Sarah Amandolare）认为，对于那些对耐用功能不太感兴趣的年轻人来说，宜家家居很有吸引力：

> 在这个搬迁频繁、经常会居住在临时住所、会在卧室办公或与其他成年室友共享空间的世界，我们的家装选择，更多的是基于实际需要，而非事先的精心设计。对许多人而言，“家”是一个有着太多不确定性的概念，无论是从装饰、情感还是其他方面来看，人们都不愿意投入太多。

同样，想象一下，你正在试穿一条新裤子。以你目前的体重穿上这条裤子，你能知道自己在镜子前、在灯光下看起来会怎样。但是，它们穿多久就会磨损、在烘干机里会缩水多少、你多久穿一次、流行风格（或你的品位）会变得有多快，这些都难以预料。这种专注于当下的想法，自然会让我们更倾向于选择那些价格便宜、做工粗糙的快时尚品牌，比如 H&M 和 Forever 。这种“垃圾风时尚”（landfill fashion，也称一次性时尚）对我们身边人的影响，确实令人感到沮丧。

那么，高端品牌如何在不降价的情况下与之竞争呢？一些品牌已经在尝试让耐用性成为其更突出的卖点。你可以从它们的口号中看出这一点，如李维斯的“买得精，穿得久”、美国户外用品品牌巴塔哥尼亚的“买少些，要求高”和美国小众包包品牌 Cuyana 的“少而精”。而奢侈手表和钟表制造商百达翡丽则宣称：“你从未真正拥有一块百达翡丽，你只是在为下一代保管它。”这与 H&M 的“准备大采购吧！”形成了鲜明的对比。

之所以会有这些耐用性的口号，是因为品牌方认识到了投资比放纵更不容易引起内疚心理。研究消费者的孙慧君（Jennifer Sun）、西尔维娅·贝莱扎（Silvia Bellezza）和尼鲁·帕哈里亚（Neeru Paharia）发现，这些信息有助于塑造消费者对产品耐用性的重视程度。

虽然有些品牌可能会夸大其产品的耐用性，但通常来说，高端产品确实更经得起时间的考验。如果你浏览 Poshmark 或 RealReal 等二手服装销售平台，你就会发现，那里很少有快时尚单品，更多的都是一些耐用到足以进入转售市场的高端商品。之所以能够继续流通，其中一个原因是高端产品的制作工艺更精良，而另一个原因是人们更加珍视高端产品，因为他们希望也相信可以长久地保留它们。

金钱心理学实验室
TIGHTWADS AND SPENDTHRIFTS

在消费心理学中，一个令人信服的耐用性承诺，可以减轻人们购买昂贵商品时的负罪感，使其看起来不那么像是一种放纵行为。存钱罐对那些旨在减少因放纵而产生内疚的理由反应最为敏感。比如，当 100 美元的按摩服务被简单地描述为一种愉悦享受时，购物车比存钱罐更愿意掏腰包。但是，当这个 100 美元的按摩服务被包装成“治疗性”的，并且可能有助于改善你的背部健康（换句话说，这是一种对健康幸福的投资），这时存钱罐就会和购物车一样愿意为此买单。研究结果表明，存钱罐不太擅长为放纵消费找到可接受的借口，但如果有人给他们提供了一个好的理由，他们会抓住不放。相比之下，购物车本身就很擅长将放纵消费视为投资。

我建议，**判断一项支出是否同时为一笔好的投资，该品牌的广告语和口号可以作为一条重要线索。**但也不要盲目相信，商家有时也会夸大其词。比如，很多美容沙龙都会鼓励顾客将注射肉毒杆菌素视为“对未来的投资”[4]，但这种投资的效果通常只能维持几个月。不过，由于许多品牌并不强调其产品的投资价值（如 H&M），那些真正强调这一点的品牌或许值得我们更深入地去了解。进一步的研究可能会证明，购买那些高端产品，会是一笔不错的投资。

预留放纵的空间：为“剁手”留出预算

预算管理通常被用来控制开支，这听起来像是勒紧裤腰带过日子，但其实也可以是享受生活的小秘诀。如果提前为那些有趣、奢华或偶然的购买预留了一笔资金，那么，这些开销就会让你变得不那么痛苦了。但是，一旦你遇到了令人向往的东西，就很难再把钱存起来。你为这些支出做好预留，当真正要为它们买单时，心痛感就会大大减轻。你需要时间来逐渐接受花钱的想法，特别是对于存钱罐来说，如果他们在购物前就已经在心理上为这笔开销做好了准备，那么他们掏钱时就会更爽快些。正如你所预料的那样，购物车似乎对预算的提前安排并不敏感。

预留预算的建议源自关于“动态不一致”偏好的行为科学文献。其基本观点是，我们有很多目标，当我们有机会行动时却犹豫不决，即我们当下的选择往往与我们之前的想法背道而驰。比如，那些想要减脂的朋友今天可能会放纵自己大吃一顿，然后发誓“明天开始节食”。但问题是，明天转眼就变成了今天，整个周期又会重新开始。就这样，有些目标被无限期地推迟了。

但如果我们能够预见到未来的自己有许多不足，我们就可以提前采取措施，帮助未来的自己坚守初心。这些措施被称为“承诺机制”。最经典的例子莫过于《奥德赛》（*The Odyssey*）中的故事：奥德修斯知道自己无法抵挡塞壬美妙歌声的引诱，于是，在他们的船接近塞壬之前，他让船员将自己绑在桅杆上，并让他们用蜡封住耳朵，以免被塞壬的歌声迷惑乃至毁灭。真实生活中的例子虽然没有那么惊心动魄，但同样有效。例如，一些酗酒的人会在饮酒前服用一种药物（双硫仑），这种药物会在他们饮酒时引发恶心和极度不适等症状，帮助他们抵制酒精的诱惑。同样，护肤品牌 Mavala 推出了一种苦味指甲油，专门用来防止人们咬指甲。这些小小的策略，都是我们对抗未来诱惑的有力武器。

金钱心理学实验室
TIGHTWADS AND SPENDTHRIFTS

承诺机制，也能帮助到那些渴望释放自我的人。瑞恩·科维茨和伊塔马尔·西蒙森（Itamar Simonson）[①]揭示了一个现象：今天选择自律的一些人，愿意在未来的某个时刻给自己一个放纵的机会。例如，在一项调查中，他们让参与者选择：如果3个月后抽奖时中奖了，是希望获得55美元现金，还是一瓶价值50美元的优质葡萄酒？结果，大约1/4的参与者选择了葡萄酒。这从经济学的角度看并不划算，但从心理学的角度看，却很合情合理——对于那些喜爱葡萄酒的人来说，他们意识到，现金最终很可能只会用于日常的实用性开销。对于那些一直节俭的人来说，突然放纵一下自己并不容易，但有些人愿意在未来的某个时刻给自己一个放纵和享受的机会。即便是存钱罐，也可以通过制定预算，为偶尔的放纵和享受留出一些空间。

我最喜欢的一个通过制定预算从而克服了吝啬的故事来自

① 这两位是著名的市场营销和消费者行为学教授，他们的研究涉及消费者决策、激励机制以及承诺和自我控制等主题，在学术界广受认可。——译者注

多伦多的媒体专业人士苏珊·卡托（Susan Catto）。在她 40 出头的时候，她的“从小就害怕花太多钱”的母亲竟然在临终前敦促她要多为自己花些钱：

> 我试图按照她的遗愿去做，于是尝试着去购物，结果发现，这让我感到极度焦虑。就在这时，我想到了预算，于是制订了一个计划，目标是一年内每月为自己花费 1 000 美元。这并非一个不切实际的数字，令我惊讶的是，预算计划竟然奏效了。以前，我的购物原则是“能省则省”，现在则变成了“我这个月有 1 000 美元可以自由支配，让我们行动起来吧”。

重新审视你的财务状况：你真的需要那么多东西吗

正如我们在第 1 章中探讨的，对于许多存钱罐来说，虽然当下的财务状况还不错，但他们仍旧会非常担心，害怕明天会陷入财务困境。因此，以一个相对客观的外部视角来评估你的财务状况和消费能力是很有帮助的。一个简单的方法是，通过《纽约时报》提供的“你是富翁吗”快速计算器来了解自己的财务状况。这个工具会根据你的年收入，显示你在所在城市的收入分布中的位置，并根据你对“富有”的定义（比如收入排名前 5%、前 10% 等）来判断你是否是富人（你对富人的定义，可能会在看到数据后有所改变）。大多数人往往会低估了自己的收入相对于他人的位置，总觉得自己的财务状况比别人差。如果他们发现自己的相对收入比想象中的要高，那么他们在花钱时可能就没那么痛苦了。[5]

实际上，一个人的财务状况不仅仅取决于收入。因此，我们可能需要与财务顾问或财务规划师进行深入交流，获取全面的建议。对于那些需要更多帮助的人来说，接受财务治疗可能是更有益的选择。例如，琳赛·布莱恩－波德文（Lindsay Bryan-Podvin）[①]的一位存钱罐客户，他财务状况良好，却总是会因为是否换掉一张破旧不堪的沙发而犹豫不决，最终，经过一年的治疗咨询，他才愿意去购买新沙发。这种对消费的抗拒，不是简单地与财务规划师进行 1 小时的数学讨论就能解决的。金融治疗是一个"位于金融咨询和心理分析交汇点"的新兴行业，虽然很年轻，但需求很旺。

① 密歇根州首位金融治疗师，在金融与心理健康交叉领域颇有建树的一位专业人士。

给购物车的 4 个消费建议

与理财规划师或治疗师交流，并非只对存钱罐有好处。从这些讨论中，许多购物车也受益匪浅。那么，购物车该如何改变他们的消费方式呢？以下是给购物车的 4 个消费建议：

- 提高支付的感知度
- 考虑机会成本
- 抑制冲动决策
- 设定储蓄提醒

提高支付的感知度：让每一笔消费都更有意义

正如你所预料，给购物车的建议，正好与给存钱罐的相反。**对于购物车来说，提高支付的感知度是至关重要的第一步。**请尽可能多地使用现金支付。在我读研究生时期，每当经济拮据时，我就会选择现金支付，这让我体验到了双重支付之痛：从 ATM 上取款时的痛苦（我一直在关注的支票账户余额减少了），以及实际花钱时的痛苦。这种节俭的生存策略帮我抵御了许多诱惑。

如果认为经常使用现金不现实，那么使用信用卡支付同样可以提升支付的感知度，只是你需要做一些额外的努力。例如，考虑一下《大西洋月刊》（*The Atlantic*）记者乔·平斯克（Joe Pinsker）提出的方法：

> 我制定了一个不那么有趣但很自律的规则，并将其应用于我的消费上——它奏效了。规则很简单：每次购物后，我都会在手机上记录下这笔交易，内容包括我购买的物品及其价格。这样做的目的是，强迫自己注意到自己的支出，尤其是使用信用卡时，以此增加支付之痛。

许多应用程序都提供了能轻松访问信用卡购买历史的功能。平斯克的方法之所以有效，是因为他得主动记录每一次购买。这一方法也可用在减肥上。但通常来说，记录购买事项（如去便利店花了 12.59 美元），比评估食物摄入量及其热量要简单得多。

支付技术的进步或许可以使一些信用卡消费变得更容易被感知到（尽管如前文所述，大多数的技术进步都是为了减少支出的可感知性）。比如 ideas42，这是一家专注于利用行为科学解决现实世界问题的企业，他们正在研发一款反馈型信用卡，通过该卡上的小液晶屏显示的颜色，用户可以直观地看到每次消费后预算的剩余金额。金融科技初创公司 ANNA 则想出了一个很有意思的方法来引起人们对借记卡消费的关注（当然，这项技术也可以应用于信用卡消费）：他们开发了“全球第一张会喵喵叫的借记卡”。当用户使用 ANNA 借记卡进行非接触式支付时，与之相关的应用程序就会大声发出“喵喵”的叫声，直到用户确认消费总额时才会停下来。虽然 ANNA 的初衷可能并非提高支付的感知度，但对于购物车来说，这却是一个意料之外的福音。

考虑机会成本：善用预算管理

如前所述，当高额商品背后的机会成本被明确指出时，购物车更容易控制住消费。然而，大多数商家并不愿意提醒消费者，他们的钱用在别处会带来怎样的价值。那么，购物车该如何在决策中凸显机会成本呢？人们能否养成考虑机会成本的习惯？

金钱心理学实验室
TIGHTWADS AND SPENDTHRIFTS

早在 1981 年，玛丽莲·库里尔斯基（Marilyn-Kourilsky）和特鲁迪·默里（Trudy Murray）就对此进行了开创性的研究。他们邀请了一小部分五六年级的孩子及其家长，共同参与一个用时 12 小时、为期 8 周的经济推理项目。该项目囊括了模拟课堂经济、案例分析及解决假设性家庭困境（如是否要养宠物）等内容。项目开始和结束时，每个人都需要谈谈他们最近的一次消费决策，他们的回应会被编码，用以评估他们对机会成本的认识程度。在项目结束时，无论是家长还是孩子，他们考虑机会成本的可能性大约是项目开始时的 2 倍。[6]

这一结果听起来令人鼓舞，但还是有人对这种培训的长期有效性持怀疑态度。丹尼尔·费尔南德斯及其同事在回顾了约 200 项关于金融教育干预的研究后得出结论："与其他教育一样，金融教育的效果也会随时间的推移而递减；即使是包含长时间教学的大型干预，在之后 20 个月或更长时间内，它对行为的影响也会变得微乎其微。"之所以会衰减，很大一部分原因是缺乏践行所学知识的机会。如果你刚刚完成了涵盖抵押贷款和投资的高中课程，你可能需要很长时间才能将这些知识付诸实践。相比之下，机会成本教育更容易应用（因为购买决策总是会摆在我们面前），但学生们是否有足够的精力和动力去这样做呢？

幸运的是，**预算管理有助于促使人们考虑机会成本。**特别是账户金额不多时，这样做效果尤为明显。例如，如果你采用的是每周预算而非每月预算，你在消费时更有可能考虑到机会成本。同样，如果你钱包里的现金只有 50 美元而不是 100 美元，你在使用现金支付时更有可能考虑到机会成本。这种逻辑可以被应用到极致（比如按小时制定预算）。约束促使我们主动考虑机会成本，这条指导原则是非常有价值的。

抑制冲动决策：避免“剁手”后的后悔

新事物带来的兴奋感往往会随着时间的流逝而消退。在这方面，购物车可能比存钱罐有更深刻的体会，因为他们在购买新产品以及很快就会对新产品感到厌倦方面拥有更多的经验。

金钱心理学实验室
TIGHTWADS AND SPENDTHRIFTS

例如，2011 年 iPad 2 刚发布不久，我就对一些人进行了调查，询问他们对首次使用 iPad 2 的期待，预期愉悦感随着反复使用后的变化，以及他们是否迫切地想要购买。存钱罐和购物车都认为，他们会非常享受初次使用体验，购物车更有可能意识到，这种高度的初始愉悦感会迅速降低，但尽管如此，他们还是会迫切地想要立刻购买。[7] 尽管购物车对消费愉悦感会随时间下降这一点有着更深的觉察，但他们仍然抱有更强的购买欲望。

由于购物车非常重视享受即时的快乐，所以他们可能会从推迟购买决定的方法中受益。例如，在购物网站上，不要急于“立即购买”，而是可以将商品“加入购物车”，稍后考虑一下。可以尝试先睡一觉，一晚过后，你可能在第二天早晨会有不同的想法。实际上，行为科学家卡罗尔·莫泽（Carol Moser）在她的博士论文中指出，很多人都会使用这种方法来控制自己的购物冲动。这种方法要么为他们提供了额外的考虑时间，要么帮他们完全忘记了商品的诱惑。《纽约时报》曾采访了平面设计师伊丽莎白·柴（Elizabeth Chai），她在抑制购物冲动时的心得也颇为相似：

> 她没有直接买东西，而是列了一个愿望清单。如果她在年末仍然想要清单上的东西，她可能会在第二年将其奖励给自己。她发现，购物的冲动实际上消退得非常快。

设定储蓄提醒：让存钱变得轻松自然

设想一下，在年度体检时，医生建议你减减肥。离开医生的办公室时，你就下定了决心，但仅仅几周后，一切又回到了老样子。这是自我管理的失败吗？或许是的。但这更有可能是因为我们有些健忘了（或者说记忆失了灵）。在繁忙的生活中，我们常常会忘了那些重要的目标。

你可以通过设置一些提示来策略性地管理记忆线索，以确保头脑中始终不忘重要目标。例如，少年时期的丹尼尔·卡布拉尔（Daniel Cabral）就把美国情景喜剧片《人人都恨克里斯》（*Everybody Hates Chris*）中严肃角色朱利叶斯（Julius）的照片放在钱包里，作为自我暗示的一种手段。朱利叶斯是由泰瑞·克鲁斯（Terry Crews）扮演的，他发现花钱是件很痛苦的事情，而这张照片似乎恰好能反映出一些痛苦（或许还有点愤怒）。[8] 卡布拉尔曾因无谓的挥霍而声名狼藉（他说自己“曾荒唐地花了 30 美元买菠萝”），但他很快发现，这个提醒帮他控制住了局面。当克鲁斯得知此事后，他也在自己的钱包里放了同样的照片。

你也可以生成一张自己年老时的图像（可以使用 FaceApp 或类似的工具）。在哈尔·赫什菲尔德（Hal Hershfield）及其同事进行的一项虚拟现实研究中，那些与自己年老时的照片进行了互动的参与者，对替未来多存点钱这件事更有动力了。一些金融机构将这一洞见融入了他们的营销策略中。例如，美国银行的在线交易和投资平台 Merrill Edge 就曾推出了（现已停用）Face Retirement 应用程序，上面展示了用户年老时的照片，以此鼓励用户开设个人退休账户。

无论你是选择用自己年老时的照片还是其他物件（如一个新钱包，或现有钱包上的一个醒目贴纸）来提醒自己，都请记住，**任何特定提醒的有效性都可能会随着时间的推移而下降。**因此，你需要定期更换提醒，至少要到新习惯养成为止。这些提醒估计不会立即见效——当你打开钱包时，消费的决定往往已经做出。但随着时间的推移，这些提醒有助于加深支付之痛。

避开消费行为重塑过程中的陷阱

本章概述的策略具有很大的实用性，但运用时要留意两点风险。

首先，**选择不当的承诺机制可能会带来负面效果。**《消消气》（*Curb Your Enthusiasm*）的粉丝或许还记得，当拉里的朋友朱丽叶请求他在派对上“无论如何”都要阻止自己吃甜点时，随后发生了尴尬的场面。朱丽叶后来改变了主意，但拉里执意坚持最初的承诺（他们最终在地板上扭打了起来）。现实中，同样不乏类似的案例。伦敦的博彩公司威廉希尔（William Hill）曾允许人们就自己减肥的能力进行下注。如果他们达到了宏伟的目标（每天减重约 0.4 斤，这样的日子需持续数月），就能赢得数倍的赌注（称重由医生执行）。但大约 80% 的参与者都输了。很多人声称要去健身房（并签订了昂贵的年卡合同），但最终却很少去。因此，人们可能需要通过一些低风险的试错来找到合适的方法。

其次，**有一些建议可能存在效率问题。**例如，提高购物车支付的感知度将导致一些不必要的痛苦。如果你总是使用现金或记录所有购买，那么许多不可避免或无关紧要的购买将会得到过多关注。理想情况下，你只是想在更大的、可选的购买上增加支付之痛。但如果只对某些类型的购买提高支付的感知度将妨碍习惯的形成。再次强调，为了开发一个收益始终超过成本的监测系统，一些尝试和试错是有必要的。

在亲密关系中，谈钱不伤感情

在探讨可能的解决方案时，我尚未涉及一个重要领域——与伴侣有关的消费情况。

金钱心理学实验室
TIGHTWADS AND SPENDTHRIFTS

在卡罗尔·莫泽关于自我控制的研究中，有位参与者就表示，希望“有一个应用程序，能在我每次进行网上购物时给我丈夫发短信”。但在

> 我们深入探讨这类情况之前，首先需要认识到的一点是，伴侣在消费和储蓄方面存在情感差异。有些策略只有在双方都认同的情况下才有效；而有些策略则在双方对消费和储蓄态度不一致时效果更佳。

那么，在伴侣之间，这些差异通常是怎样的呢？在对待金钱的态度上，是同类相吸还是异类相吸？让我们在下一章继续探讨这个问题。

第 4 章

为什么金钱会成为亲密关系的杀手

存钱罐	购物车
• 心中的理想伴侣是讨厌花钱的人 • 渴望自己的购物车伴侣改变消费习惯 • 在由伴侣共同做出消费决策时，能搁置自己的个人偏好以避免冲突	• 心中的理想伴侣是喜欢花钱的人 • 对存钱罐伴侣的改变欲望相对较低 • 在由伴侣共同做出消费决策时，具有更强的财务影响力

如同许多“80 后”一样，我对爱情的最初理解源自那盒《你永远的女孩》（*Forever Your Girl*）卡带。那时，我认为宝拉·阿巴杜（Paula Abdul）的歌曲传达了一个令人信服的道理——异性相吸。随着时间的推移，似乎有越来越多的证据可以支撑这一观点：许多娱乐杂志都喜欢报道那些“异性相吸”的明星情侣。例如，克里斯汀·贝尔（Kristen Bell）和达克斯·谢泼德（Dax Shepard），你知道他们是包括性格在内的诸多方面都相反的一对夫妻吗？现在你知道了。他们最初的沟通风格有很大不同。贝尔是个健身狂，而谢泼德爱吃垃圾食品；贝尔比较天真，容易看到别人的优点，谢泼德则较为多疑，更能察觉到他人可能存在的不良动机。另外一对明星情侣，阿什顿·库彻（Ashton Kutcher）和米拉·库妮丝（Mila Kunis）也是性格迥异的一对。这样的例子不胜枚举。

但仔细一想，我们在使用“相反”这个说法时，往往显得过于轻率。毕竟，贝尔和谢泼德都是来自密歇根州东南部的知名艺人，他们通过共同的朋友相识。库彻和库妮丝在开始约会前，已经在同一部情景喜剧中合作了 8 年。在我看来，他们并非截然相反。几十年的研究表明，在很多方面，“相同”才是最有可能相互吸引的。物以类聚，人以群分，这种模式通常被称为“同质性偏好”。以政治为例，在超过 1 800 万对美国已婚夫妇的样本中，埃坦·赫什（Eitan Hersh）和雅伊尔·吉扎（Yair Ghitza）发现，同党派婚姻（即两个民主党人或两个共和党人，占比为 56%）是混合党派婚姻（占比为 9%）的 6 倍多。其他婚姻中，则至少有一个是独立派人士。

对于婚姻关系中如此鲜明的同质性偏好，社会学家认为，一般来说，人们“只与和自己相似的人有重要的接触”，但这并不是说，我们与和自己不同的人没有接触。有时我们看到了比实际更多的相似性，比如，在没有讨论实际分歧之前，我们就假设我们的朋友相信我们所相信的。尽管如此，在我们的社交网络中，跨越了一系列人口统计学和心理学特征的实际相似性还是相当高的。一个现实是，我们通常只喜欢那些与我们相似的人。正如亚里士多德所观察到的，人们“爱那些与自己相似的人”。

但如果我们不喜欢自己的某些方面，却遇到了拥有相同特质的人时，这种相似性还会产生吸引力吗？著名心理学家弗里茨·海德（Fritz Heider）在 20 世纪 50 年代考虑过这一问题：

> 相似性确实可以吸引人，但当相似性带有令人不愉快的含义时，往往会引发人们的嫌恶之心。例如，一个不希望自己身患残疾的人可能会不喜欢甚至会对另一个同样患有残疾的人产生敌意。这时，不愉快的相似性——残疾可能成了一种提醒，并以其他方式加以强调。[1]

尽管海德的理论极具影响力，但这一推断在学术心理学领域并未引起关注。40 年后，伊娃·克洛南（Eva Klohnen）和杰拉德·门德尔松（Gerald Mendelsohn）首次对此进行了探索，并在一个小规模的夫妇样本中找到了支持该观点的证据。[2]

当然，现实生活中有许多例证都能表明，某些相似性可能会令人痛苦。情感关系治疗师查娜·列维坦（Chana Levitan）分享了她从约会伴侣那里听到的一些常见抱怨：

> “这太荒唐了！我们都需要有人能把我们从自我封闭中拉出来。可我们俩都有些内向，这样下去是不会有任何结果的。”
>
> “我知道我容易情绪化……但他也是。我倾向于

把事情戏剧化，但我认为，他在这方面表现得更糟糕。我们之间，情绪波动太多了。我不知道我们的婚姻是否能够维持下去，但有一件事是肯定的：即便我们能过下去，我们的孩子也受不了！”

同样，在经历了一些尝试和错误后，《华盛顿邮报》的运营编辑玛丽安·刘（Marian Liu）开始意识到，对方作为一个工作狂，并不适合她：

我一直觉得，我需要一个与我匹配的“克拉克·肯特”（超人的化名），就如同“露易丝·莱恩”（超人的恋人）一样，他应是个像我一样对事业充满热情的男人，一个能与我并肩冒险的伴侣。但经过几次尝试后，我意识到，和一个像我这样的人约会实在是太可怕了。那感觉就像是，你在与一个永远响个不停的电话和没完没了的电子邮件竞争，毫无乐趣可言。

正如一些人对他们的内向性格或工作狂倾向感到不满一样，存钱罐或购物车也会对他们典型的消费行为感到内心矛盾。在没有表达出对自己典型的消费行为感到“困难”和“麻烦”的情况下，你不能被归类为存钱罐或购物车。这就是为什么我们将那些既不是存钱罐也不是购物车，且得分处在测试表中间位置的人称为“无冲突消费者”。当我们在《纽约时报》的一项调查中询问了 6 000 多名受访者他们有多快乐时，无冲突消费者报告的幸福感要高于存钱罐和购物车。[3]

倘若海德的理论成立（即如果一个人不喜欢自己的某些特质，那么，身上的特质与这些特质不同的人可能会对其产生一定的吸引力），那么我们或许可以期待，存钱罐和购物车将一见如故。对于购物车而言，存钱罐不愿花钱以及看到购物车轻松花钱时表现出的震惊，可能被视为可爱和迷人的表现。同样，我们不难想象，一个存钱罐会被一个花钱大手大脚的购物车所吸引。让我们听听这个名叫西莉亚的存钱罐的故事：

> 我们刚刚开始约会时，和保罗一起外出总是充满新鲜感。他花钱的方式对我来说是前所未见的。他总是追求最好的东西——最好的车、剧院里最好的位置、最高档的服装。他会带我去旅行，我们会去那些昂贵的俱乐部和餐馆，随心所欲地点任何我们想要的东西。这种花钱方式对我来说是全新的体验，因为我从小接受的教育就是要精打细算。和保罗在一起的时候，我仿佛学会了放下旧有的束缚，变得更加自由，不再那么担心钱的问题，也不再为钱不够而焦虑了。

像西莉亚和保罗这样相互吸引的情况是罕见的，还是很常见？

金钱心理学实验室
TIGHTWADS AND SPENDTHRIFTS

我与两位著名的行为科学家黛博拉·斯摩尔（Deborah Small）和伊莱·芬克尔（Eli Finkel）进行了合作，探究存钱罐和购物车是否更有可能结为连理。我们发现，由存钱罐和购物车组成的婚姻比婚姻中两人同为存钱罐或购物车的情况更为普遍。在包含存钱罐和购物车在内的296个婚姻样本中，由存钱罐和购物车组成的婚姻比由同是存钱罐或同是购物车组成的婚姻更常见，二者之间的占比分别为58%和42%。[4]

这个差异并不大——当然，还有许多因素也会影响到我们选择何种结婚对象，而且，有些人可能会在婚前隐藏了自己的消费倾向（如那些觉得在约会时必须花钱大方的人，他们在婚后可能更愿意展示自己的吝啬本性）。尽管如此，在普遍的同质性偏好背景下，这一趋势仍然是令人惊讶的。

这里存在的问题是，这一比例是否反映了存钱罐和购物车之间的初始吸引力，还是说，最初相似的伴侣随着时间的推移会产生两极分化的现象，最终分别演变成了存钱罐和购物车。我们在其他财务领域也观察到了伴侣间的分歧。例如，阿德里安·沃德（Adrian Ward）和约翰·林奇（John Lynch）在检查配偶的金融素养时就发现了分歧情况。在由一个配偶承担大部分家庭财务事务的夫妇中，那位配偶的财务知识变得更加丰富了。而另一位配偶则显得在财务知识上有些匮乏。但实际上，在这些夫妇中，配偶双方最初具有的财务知识水平大致相当。这并不是说，家庭财务总是由最精通财务的伴侣来管理。其他因素也会对财务责任的分配产生影响，比如谁有更多的空闲时间。

在吝啬与挥霍之间，随着时间的推移，人们的行为天平会发生倾斜是完全可以理解的。设想一下，两个无冲突消费者结了婚。婚后，一个配偶承担了大部分家庭购物的责任。需要反复花钱的情况（尤其是有了孩子之后）可能会逐渐使这个配偶对支付之痛变得麻木，从而变得更像是购物车了。相比之下，被免除大部分购物职责的配偶可能会开始觉得，每当需要考虑选择性购买时，花钱就会变得特别痛苦。这就像一个棒球投手，如果他在比赛休息时坐得太久，他的手臂就会变冷，难以灵活投球。这位配偶变得更像存钱罐了。一位专注于金钱心理学的婚姻治疗师奥利维亚·梅兰（Olivia Mellan）认为，这种分化很常见："即使他们一开始没有相互冲突的消费风格，最终也会发展出那样的差异。"

在我们的研究中，并未发现任何证据能证明夫妻间的消费风格存在分化的情况。实际上，在吝啬与挥霍之间，年长的夫妇比年轻的夫妇更加接近彼此。[5]对于这一点，原因可能有两点。一是趋同效应：随着时间的推移，伴侣在消费上的态度会变得越来越相似。虽然对于趋同效应究竟有多普遍，这里还存在争议，但有证据表明，在某些领域确实存在着趋同的情况。例如，伴侣在情感表达和风险应对方面确实会变得更加相似。二是存钱罐与购物车的婚姻可能特别艰难，很有可能会以离婚告终，这导致消费理念很不匹配的婚姻已从样本中退出。无论哪种情况，我们都未发现普遍的分化现象。相反，证据表明，存钱罐和购物车之间存在着一些有趣的初始吸引力。

这并不是说存钱罐和购物车一定在寻找彼此。我询问了一些尚未结婚的沃顿商学院的学生，想知道在他们的心目中，理想的长期伴侣是讨厌花钱的人，还是喜欢花钱的人。结果发现：存钱罐认为，他们的理想伴侣应讨厌花钱；而购物车则认为，他们的理想伴侣应喜欢花钱。[6] 受访者普遍认为，与和自己相似的人在一起最快乐。这一发现提醒我们，我们并不总能意识到自己究竟会被哪些特质吸引或排斥，直到我们在现实生活中遇到了潜在的理想伴侣。这就解释了为什么会有那么多人在忏悔：“我不敢相信自己爱上了一个共和党人/我的老板/我的堂兄。”同时，这也是一种提醒：并非只有我们在“配偶商店”（the Spouse Store）挑选理想的伴侣，他们同样也在选择我们。

存钱罐与购物车真的适合在一起吗

如果存钱罐与购物车结为连理，这便会引出一个值得深思的问题：存钱罐与购物车组成的婚姻，其生活究竟是怎样的？可以想象得到，存钱罐与购物车起初会相互吸引，那些自己不喜欢的特质，在对方看来，反而会是一种魅力，使得彼此相互吸引，这似乎也在暗示，他们可以期待婚姻的幸福。听起来多么美好啊！让我们再来听听西莉亚是怎么说的吧，这位存钱罐在与购物车约会时曾享受过美妙时光，谈起她和购物车婚后的感受，她说：

> 我发现自己无法忍受他挥霍金钱的方式……我们开始争吵，而他奢侈的消费是我们大多数争吵的主题。我之前觉得，父母在节俭方面给我的教育有些过分，但后来，我渐渐领悟到了他们教导中的智慧。一方面，你会感受到自由，不用为每一分钱而忧虑。另一方面，你也不必鲁莽行事。我看到，保罗的行为不过是一些鲁莽而又愚蠢的行径。

购物车同样可能会对吝啬的伴侣感到恼怒。《卫报》的编辑哈里特·格林（Harriet Green）就曾撰文表达过对丈夫约翰－保罗（John-Paul）的不满。格林钟爱奢侈品，但保罗却讨厌花钱：

> 保罗总是倾向于去那些便宜又不靠谱的地方理发。只要有机会，他就会偷偷溜到他童年时的理发师那里，因为这位理发师的收费包括小费在内也才 5 英镑。但如果你看到了理完后的效果，你就不会对这样的价格感到惊讶了。
>
> 在我们的女儿学会说话之前，我就告诉过他，女

儿需要在我选择的发廊理发。可不久之后，我回到家发现，在我上班的时候，保罗已经用他那不专业的剪刀手法给她理完了。

为此，我一连 24 小时都没和他说话。

为了系统性地检测婚姻的幸福感，斯摩尔、芬克尔与我私下里分别邀请了伴侣完成了一项在 20 世纪 50 年代发展起来的经典测试——婚姻调适测试（MAT）。测试中的一些问题非常直接，例如：

如果你能重新活一次，你会选择以下哪一项：

- ☐ 嫁 / 娶同一个人
- ☐ 嫁 / 娶不同的人
- ☐ 根本不结婚

正如你所想到的，“嫁 / 娶不同的人”和“根本不结婚”这两个选项，都说明婚姻关系中出现了不良征兆。然而，根据 MAT 的开发者哈维·洛克（Harvey Locke）和卡尔·华莱士（Karl Wallace）的说法，其中的一种想法比另一种更糟糕。你能猜到是哪一种吗？在 MAT 中，每种回答都会得到相应的分数。分数越高，表示婚姻状况越好。选择“根本不结婚”可以得 1 分，而选择“嫁 / 娶不同的人”则只得零分。相比之下，选择“嫁 / 娶同一个人”可以得 15 分。这表明，对于婚姻而言，“嫁 / 娶不同的人”（也许对方是你心中的某个特定人选）比希望自己“根本不结婚”还要糟糕。

金钱心理学实验室
TIGHTWADS AND SPENDTHRIFTS

幸运的是，在我们的样本中，并没有发现太多的绝望情绪：在我们研究的夫妇中，有 84% 的夫妇双方都表示，他们会再次选择与同一个人结婚。在剩下的夫妇中，存在一方（13%）或双方（3%）都对婚姻持有疑虑的情况。那些婚姻出现问题的伴侣，他们在消费观念上的差距，明显大于幸福婚姻中的伴侣。[7] 当我们完整地分析了 MAT 回答后，也发现了类似的情况：配偶在吝啬与挥霍之间的差异越大，他们的 MAT 得分越低。[8]

这里存在一个问题：消费观念不同的伴侣是否同样有可能让对方感到烦恼。购物车的消费行为是否和存钱罐的消费行为一样，会让彼此感到不安？虽然双方都有各自的困扰，但存钱罐似乎更容易对购物车伴侣感到恼火。我们的数据表明，存钱罐通常更渴望他们的购物车伴侣改变消费习惯，反之则不然，购物车对存钱罐伴侣的改变欲望相对较低。[9]

> 这一点或许并不意外，我们不妨考虑一下存钱罐和购物车所带来的不同类型困境。对于存钱罐造成的问题，购物车伴侣可以轻易解决（“好吧，如果你不买，那我来买”）。但当购物车花了太多钱时，他们的存钱罐伴侣却无法将钱要回来。是的，某些商品可以退货，但在体验上花费的钱是无法退回的。

最终，我们得出了一个许多心理学家之前就得出的结论：**差异性太大对婚姻是有害的。**尽管存钱罐和购物车会因彼此的“不同”而一拍即合，但这些差异也导致了日后婚姻的困难重重。社会学家黛安·费尔姆丽（Diane Felmlee）将这种出人意料的现象称为“致命吸引力”。有时候，最初吸引我们的特质，恰恰成了后来最令我们反感的特质。费尔姆丽描述了一些常见的转变路径：

> 一个因“非常成功”而极具吸引力的伴侣，可能很快就会被看成“工作狂”，因为不付出巨大努力往往是很难取得成功的。一个因“极其友善和体贴”而迷人的人，最终可能会被伴侣认为过于被动了。情境是会发生变化的。例如，失业可能会带来巨大的不确定性，使得经历这一变故的个体开始渴望从伴侣那里

获得更多的稳定性，哪怕他或她最初是被伴侣的“即兴”特质所吸引。

这种动态变化也在存钱罐与购物车的关系中上演。就像成功的负面影响会随着时间的推移而逐渐显现（如过度工作）一样，存钱罐或购物车的负面影响（如乐趣太少或债务太多）也不可能永远隐藏下去。此外，随着财务决策变得越来越重大、越来越紧迫（比如搬到哪儿生活，孩子们去哪儿上学，如何帮助年迈的父母），那些曾经令人兴奋、迷人或可爱的消费差异转眼间就会成为负面或不利因素。

财务观念一致总是好事吗

前面的讨论可能会让人以为，财务观念一致的夫妻关系会相当和谐，但事情并非如此简单。双方均是购物车的夫妻组合尤其需要警惕。债务可能给夫妻关系带来巨大压力[10]，如果两个购物车积累了大量债务，即使他们在消费观念上很一致，他们的婚姻还是可能会变得岌岌可危。我们发现，**夫妻挥霍得越多**（即他们的“存钱罐－购物车测试表”的平均得分越高），**他们因金钱发生争吵的频率就越高，彼此对婚姻关系的满意度也就越低。**[11]

夫妻双方在财务观念上的巨大差异是判断二人会因金钱发生争吵、会对这段关系产生不满的最佳预测因素。[12] 相比夫妻的挥霍程度，财务观念上的差异能更好地预测出婚姻是否会陷入困境。但两者都很重要，最终来看，**二人均是存钱罐的夫妻组合似乎最有可能避免因金钱问题而发生冲突。**

金钱心理学实验室

TIGHTWADS AND SPENDTHRIFTS

简·多科（Jane Dokko）、耿丽（Geng Li）和杰西卡·海耶斯（Jessica Hayes）在研究伴侣的信用评分与他们之间的关系长短的联系时发现了类似的情况。他们调查的混合样本包含已婚伴侣和未婚同居伴侣，伴侣的平均信用评分越低，他们同居后分手的速度就越快。伴侣信用评分的初始差异越大，分手的速度也越快。换言之，低平均信用评分和差异较大的信用评分都预示着二者的关系存在着一定的脆弱性。

亲爱的，我们负担得起

家庭中若拥有两个购物车，其财务状况将会十分堪忧。但由存钱罐和购物车结成的夫妻，他们会如何做出消费决策，则需要视情况而定。

金钱心理学实验室
TIGHTWADS AND SPENDTHRIFTS

赫里斯蒂娜·哲格列娃（Hristina Dzhogleva）和凯特·兰伯顿（Cait Lamberton）在他们对“混合自控力”夫妻的研究中提供了一些重要线索。当长期自控力低的人与长期自控力高的人结了婚，夫妻双方需要做出共同消费决策时（如在假期上打算花多少钱），自控力低的伴侣通常会按照自己的方式行事。混合自控力夫妻倾向于做出与双方均为低自控力夫妻相似的决策。这时的二人都明显比双方均为高自控力的夫妻更放纵。

这些研究表明，共同消费决策主要是由倾向于放纵的伴侣推动的。哲格列娃和兰伯顿认为，当伴侣对做什么存在分歧时，自控力更高的伴侣更能搁置自己的个人偏好以避免冲突。所以，家庭中再增加一个支持放纵的伴侣，并不会明显地改变共同消费决策。这似乎是说，夫妻中只要有一人支持放纵，就能产生放纵的共同消费决策。

我们从自己的数据中也看到了购物车强大的财务影响力。在接受《纽约时报》调查的受访者中，我们发现：由存钱罐和购物车组成的夫妻和双方均为购物车的夫妻在“至少有 5 万美元储蓄的可能性”上大致相等（分别为 57% 和 55%）。相比之下，88% 的双方均为存钱罐的夫妻“至少

> 存了 5 万美元”。[13] 同样，持有信用卡债务的比例，由存钱罐和购物车组成的夫妻占了 41%，双方均为购物车的夫妻占了 64%，而双方均为存钱罐的夫妻仅占 3%。因此，在储蓄和债务方面，由存钱罐和购物车组成的夫妻看起来更像双方均为购物车的夫妻而不像双方均为存钱罐的夫妻。

这一情况也与上述提到的一个简单事实相一致，即**消费决策比不消费决策的影响更持久。**例如，想象一对夫妻正在争辩是否要去度一个昂贵的假日。如果存钱罐在他们前 10 次讨论中更有说服力，那么钱还没有花掉。但如果购物车在第 11 次讨论中更有说服力，钱就花掉了，且这一事实无法改变（假设与度假相关的购买大多是不可退还的）。**购物车只需在一次讨论中更有说服力，钱就会被花掉；而存钱罐需要总是更有说服力，这样才能防止钱被花掉。**[14]

婚姻是一场冒险之旅

杰奎琳 · 肯尼迪（Jackie Kennedy）曾有一句名言：“第一次结婚是为了爱情，第二次是为了财富，第三次是为了陪伴。”在本书的尾声部分，我们将回到究竟是该为了爱情还是财富而结婚这一问题上，但现在我们就可以给出一些初步建议。如果你将财务安全视为首要考虑因素，那么答案显而易见：你应该寻找一个存钱罐作为伴侣。这里所说的财务安全，并非指拥有巨额财富，而是避免债务缠身。请记住，**存钱罐通常不愿意“通过花钱去赚钱”。**我们不妨一起看看这位匿名咨询者对她存钱罐丈夫的无奈：

> 我想在我们购买第一套主要住房之前就在小型房屋翻新和出租物业上进行投资，因为我觉得我们正处于一个绝佳的时刻。把握住这个机会可以增加我们的财富并获得良好的回报……他却说自己再也不想背负债务了。所以他宁愿存钱，然后用现金购买高级汽车（这倒不是什么大问题）、购买房屋（我们目前还在租房住）、进行房地产投资、支付装修费用。当我听到他说这些话时，我的头都要炸了，感到极度沮丧。要存下这么大笔现金，还需要很多很多年呢。

幸福感则是更微妙的事情，特别是当我们考虑到不同类型的幸福感时。比如，它可以是一个平静满足的舒适生活，也可以是充满有趣经历的冒险生活。[15] 尽管截至目前的研究表明，对于双方均为存钱罐的夫妇来说，拥有幸福生活的前景相当乐观，但我们在衡量婚姻是否幸福时，20 世纪 50 年代的婚姻调适测试可能更倾向于观察婚姻中的二人是否过得安逸且舒适，而非是否会感到新奇和兴奋。例如，在其他条件相同的情况下，喜欢“宅在家里”的伴侣比喜欢“四处奔波”的伴侣得分高了 7%。[16] 如果我们认为冒险和新奇是幸福的重要组成部分，那么双方均为存钱罐的夫妇看起来可能就没那么幸福了。

那么，双方均为购物车的夫妇呢？该项研究对他们的前景似乎感到相当悲观，至少从长远来看是这样。但如果他们的收入和财富足够多，他们的前景也可能会更乐观。如果他们的典型消费习惯不会导致财务危机，双方均为购物车的夫妇可能也过得不错。

对于由存钱罐和购物车组成的夫妇来说，他们的前路也并非充满了厄运和悲观情绪。没错，他们的婚姻通常都很不稳定，但并非所有存钱罐和购物车的结合都注定要陷入风波和动荡。在我们的样本中，最快乐的一对夫妇就是由存钱罐和购物车组成的。[17] 可以想象，存钱罐和购物车能够相互中和彼此的天性，将彼此带到一个更快乐的“无冲突”中间地带。以自诩为存钱罐的记者杰玛 · 哈特莉（Gemma Hartley）的经历为例，她的丈夫罗伯是个购物车，而哈特莉却乐在其中：

> 作为关系中更为保守的一方，我负责确保我们能

够按计划进行储蓄并实现长期目标（通常还要负责确保我们不会一贫如洗）。我的丈夫则负责确保我们的生活不至于太过节俭，偶尔也能享受一下我们的财富。这对于我们俩是一种双赢，因为我们在管理财务方面均发挥了各自所长。当然，我们偶尔也会因金钱而争执。比如，他想买新房子的时候，我却想留在原地，先还清我们现有的房贷（顺便提一下，他最终说服了我，而且这个决定是完全正确的）。但大多数时候，我们都会帮助彼此找到一个让我们双方都更快乐的财务平衡点。

我喜欢买很多裤子，住在舒适的家里，偶尔外出用餐，而不是每晚都吃米饭和豆子……我终于意识到，始终不去享受自己的财富是一种损失，这是我在嫁给与我财务态度对立的老公之前永远也不会领悟到的。

作为由存钱罐和购物车组成的夫妻中的购物车，我特别喜欢听到这样的成功案例。我知道，不同类型的夫妻中还有很多类似的成功故事。这正是我们接下来要关注的地方：对于不同类型的夫妻而言，如何通过改变他们处理财务决策的方式来改善他们之间的关系。

TIGHTWADS AND SPENDTHRIFTS

NAVIGATING THE MONEY MINEFIELD IN REAL RELATIONSHIPS

第5章

你的、我的、我们的钱

存钱罐	购物车
• 因使用伴侣的收入而感到羞耻和有压力	• 将伴侣的收入视为“共同资源”
• 低估家庭的实际经济能力	• 高估个人消费的合理性
• 联名账户会加剧焦虑，个人账户更自在	• 个人账户会助长其消费冲动，联名账户会令其受到约束

第 5 章
你的、我的、我们的钱

拉里和谢丽尔夫妇正在与斯图和苏珊共进晚餐。当账单出来时，斯图付了款。拉里和谢丽尔向他表达了谢意。经过一段意味深长的沉默后，苏珊询问，是否有人也会向她表示感谢。谢丽尔赶快道谢，但拉里显得有些迷惑……

拉里：我还以为是他请客呢。

苏珊：斯图确实拿出信用卡付了款。

拉里：是的……所以我感谢了他。

苏珊：但他用的是我们的钱来支付的，所以你也应该感谢我。实际上，是我们一起请你吃饭的。

拉里：你可以这么说，但若论起来，钱是他工作挣的。你并没有工作……

苏珊：问题不在于钱从哪里来。

拉里：不，问题恰恰就在于钱从哪里来！这才是关键——钱的来源是哪里？

——《消消气》(2002 年)

《消消气》的剧迷们都知道，拉里总是敢于触及那些大家都心照不宣、避而不谈的敏感话题，这往往会引发一系列令人啼笑皆非的尴尬场面。你可能从未经历过像拉里和苏珊那样直截了当的对话，他们竟然会毫不避讳地讨论谁有权支配伴侣的收入。但如果你的收入曾经超过或少于你的伴侣，你或许会闪过这样的念头，在心底悄悄地思考过类似的问题。例如，在婚姻生活中，夫妻双方是否应对彼此拥有的每一份财产都有平等的话语权（我指的是字面上的一切收入，包括遗产和储蓄，无论是婚前还是婚后所得）？如果双方同意平等分享所有家庭财产的控制权，他们是否真的能在日常生活中坚持做到这一点？

当家庭中的一员（通常是妻子）为了照顾年幼的孩子而辞去工作时，这类问题尤为常见。但伴侣间收入存在差异的原因还有很多。或许是因一方残疾而限制了工作能力；或许是双方都在各自领域取得了成功，但不同领域的薪酬水平却相差悬殊（如一位成绩斐然的麻醉师与一位倍受赞誉的幼儿园老师结为连理）；又或许是双方工作在同一个领域的不同职位（如她是一家律师事务所的合伙人，而他只是一名助理律师）上。即使双方在同一领域、同一职位上，拥有相同的经验和技能，性别歧视仍可能导致收入存在差异。在双职工家庭中，夫妻双方的收入处于同一水平或相近水平的比例，大约只占 40%。收入差距带来的夫妻之间的紧张关系，随时可能爆发。

当伴侣的消费习惯有所不同时，这种紧张关系就会进一步加剧。试想，如果关系中唯一的购物车恰好是收入较低的那一方，这种情况极易引发内疚、指责和愤懑。收入高的一方可能会说："我在外面辛苦赚钱养家，你就这样挥霍我的血汗钱？"如果那些收入较低的伴侣本就精打细算，他们的支付之痛可能会因感觉自己是在花伴侣的钱而加剧。而如果存钱罐是男性这一方，并且已经因自己不是家庭的主要经济支柱而倍感压力，那么此时，金钱可能让他们的关系变得矛盾重重。

在本章中，我们将探讨家庭财务管理将如何影响夫妇的财务健康和婚姻关系。让我们从探讨拥有亲密关系的伴侣如何看待他们的共同财富开始吧！

亲密关系中的"共同算法"

在探讨关系中的资源共享时，我们首先要区分"交换型关系"与"共有型关系"。[①] 在交换型关系中，双方的行为以互惠为基础，个人对共同事业的贡献能够得到另一方认可。这种

① 亲密关系中有两种伴侣，一种是共有型伴侣，一种是交换型伴侣。——译者注

关系在商业市场中司空见惯。例如，如果今年我在同事的推荐下获得了一个奖项，那么明年，我可能需要提名那位同事，以此来作为回报。如果我们合作完成了一个项目，那么，付出更多的人可能会希望自己被认定为项目负责人。相比之下，在共有型关系中，双方的行为基于的是需求，伴侣会在对方需要时伸出援助之手，而不是期待互惠回报。一个以共有为导向的伴侣之所以会提供帮助，是因为对方需要帮助，而不是为了预存未来的恩惠或人情。

金钱心理学实验室

TIGHTWADS AND SPENDTHRIFTS

在玛格丽特·克拉克（Margaret Clark）的经典实验中，共有型伴侣会竭力避免得分。克拉克邀请单身男性与葆拉（一位迷人的女演员）一起在实验室工作。一些参与者被告知，葆拉刚搬到这个区域，渴望结识新朋友。其他人则被告知葆拉已婚。因此，在引导下，一些参与者渴望或至少考虑过与葆拉建立持续的关系，而其他人则清楚，他们可能只是进入了一段临时的“纯商业”关系。所有的配对都被告知，他们要在一个大型数字矩阵中寻找到特定序列，他们可以圈出自己找到的序列，圈得越多，赚的钱就越多，他们必须在任务结束时想办法分配好这笔钱。

一个巧妙的设计使这项实验成为经典：桌上

> 放着三支笔——两支黑色和一支红色。葆拉总是先拿一支黑色笔，这时，男性参与者可以选择红色笔，这样就能清楚地显示出每个人找到了多少序列。当然，也可以选择另一支黑色笔，但这样做的结果是，人们将很难分辨出谁贡献了多少。认为葆拉已婚的大多数参与者均选择了红色笔。这是因为，商业伙伴之间需要明晰每个人的贡献情况。相比之下，认为葆拉愿意开始新关系的大多数参与者则纷纷选择了另一支黑色笔。那些已经是或可能成为亲密关系的伴侣不会得分。

随着时间的推移，人们可能希望伴侣间的关系会变得更加亲密，寻求得分的情况会越来越少见。这是普遍的直觉。但事实可能并非如此。遵循共同规范可能是建立亲密关系的必要条件。一旦你不再担心关系破裂，也不再做出最佳行为时，你就可能会对共同规范变得不那么上心了。今晚，你可能会让伴侣洗碗，只是因为昨晚你洗了，而不是因为今天你已累得筋疲力尽。追踪伴侣行为的研究发现，随着时间的推移，做出遵循共同规范的行为会在他们从订婚步入到早期婚姻的过程中逐渐减少。重要的是，有所松懈的大多数伴侣仍然坚定地认为彼此应遵循共同规范。共有型关系始终是理想的状态，但伴侣的行为往往很难实现这一理想。

创造“平等的假象”[1]

在上述黑笔与红笔的实验中，那些倾向于建立共有型关系的参与者不会太在意是否凸显了他们在共同事业中的具体贡献。当然，在现实生活中，夫妻双方在执行某些任务时也很容易模糊相对贡献，比如在圣诞前夜一起包装礼物（只要他们使用了相同类型的包装纸）。但金钱呢？夫妻双方虽然不能完全隐藏家庭收入来源，但他们可以让这些来源变得不那么显眼。比如，假设一对夫妻中只有一方有收入。如果赚钱的一方在每次领到工资后不久就回到家里，然后给配偶一些钱，那么双方的收入差异将极为显著。全职家庭主妇塞莱·哈蒙德（Ceileigh Hammond）就这样描述过她的生活：

> 目前，我们家的分工是，我全职照顾蹒跚学步的孩子，我丈夫则全职工作。很显然，我需要一些钱，于是他会在每周一给我一笔钱，用于购买食品杂货、支付汽油费，以及我们的儿子需要的东西，比如尿布和衣服……如此依赖伴侣，甚至觉得自己似乎是欠了他们的，这种情况正常吗？

当波莉·菲利普斯（Polly Phillips）作为全职家庭主妇时，也有过类似的经历，但她对此非常满意。她描述了她的石油工程师丈夫给她的五位数“妻子奖金”时说[2]：

> 这份奖金是一位快乐的老板对员工工作出色的认可。这里的老板就是我丈夫阿尔。他肯定了我作为全职妻子和母亲对这个家的贡献。我用这份“妻子奖金”（他公司奖金的 20%）购买了奢侈品。能拿到这笔奖金我很自豪，因为我把他的事业置于自己的事业之上，还操持着我们共同的生活。

虽然女权主义者普遍认为，家务劳动应该得到补偿，但上面的这种表述（基于“老板”心血来潮时发的年终奖金）让很多女权主义者感到厌恶，这是可以理解的。我也很好奇，阿尔奖金的另外 80% 去了哪里。

即使一些配偶对津贴制度感到满意，但显著的收入差异在伴侣需要做出大额购买决策时仍然会引发意外分歧。投资顾问马克 · 弗兰德（Mark Friend）说，感情良好的伴侣“需要明白，左边口袋里的钱和右边口袋里的钱是一样的”。本质上看，我的就是你的。但实际上，我们对金钱的看法似乎确实取决于它在哪个口袋里。当我们与特定的金钱之间存在心理距离（这种距离可以因金钱是由他人赚取或拥有而产生）时，那笔钱的购买力似乎就减少了。

金钱心理学实验室
TIGHTWADS AND SPENDTHRIFTS

为了阐明这一点，不妨看看埃文·波尔曼（Evan Polman）、丹尼尔·埃夫隆（Daniel Effron）和梅雷迪思·托马斯（Meredith Thomas）的一项别出心裁的实验。三人询问了一些参与者，他们用 50 美元可以买多少个灯泡。平均来看，参与者认为自己可以买到 14 个灯泡。他们又问了另外一些参与者，别人用 50 美元可以买多少个灯泡。这时的结果就不那么乐观了，参与者认为别人只能买到 11 个灯泡。

现在设想一下，当双方收入差距明显，而这对伴侣需要做出大额购买决策，这时情况会如何发展。即使夫妻双方都完全清楚家庭的资产和负债情况，但对家庭资金感到疏离的一方，可能会对家庭的承受能力形成更为保守的看法。这可能会让与家庭资金关系更密切的一方感到困惑，心想："我们看的是同一组数字吗？！"[3] 当感到疏离的伴侣是存钱罐时，这种分歧尤其容易出现。莫娜·沙拉比在第 1 章描述她的"金钱畸形症"时说："我感觉自己没钱，尽管实际上我是有钱的。"对家庭资金感到疏离很可能会加剧存钱罐的金钱畸形症。

那么，配偶双方能做些什么来降低个人收入差异的显著性呢？可以将所有个人收入直接存入一个共享的联名账户。双方可以根据自己或家庭需要各自取钱，也可以自动提取每周或每月的预算。钱如何分配且不说，最为关键的一点是，双方都始终能平等地查看到它，而不是由一方“交给”另一方。据作家凯瑟琳·巴布－穆吉拉（Catherine Baab-Muguira）描述，她和丈夫克里斯（Chris）使用了类似方法：

> 我们俩都工作，赚得都不少，薪水直接存入了我们的共享支票账户……我们每个月会给对方 500 美元，随你怎么花，都没问题。这就是我们的婚姻仍然存在的原因……我们之所以要设立津贴制度，是因为我不想在购买《大白鲨》T 恤、运动鞋，或偶尔花 55 美元买一本二手的绝版传记时，受到他人质疑。我对依赖他人这一点非常警惕，即使是一点点暗示，也会让我浑身不舒服。我必须是独立的，否则我不会结婚，尽管我非常爱克里斯。

心理学家卡罗尔·伯戈因（Carole Burgoyne）发现，当伴侣双方收入不平等时，联名账户有助于制造“平等的假象”。将所有个人收入直接存入联名账户，很可能是维持这种假象的关键。如果伴侣直接领取了个人收入，然后再决定向联名账户存入多少钱，那么这时的决策和存款金额可能会放大任何收入差异。

伯戈因提出，在女方收入更高的婚姻关系中，通过联名账户弱化收入差距的做法尤其具有吸引力。事实上，苏拉吉·科穆里（Suraj Commuri）和詹姆斯·金特里（James Gentry）在采访这类夫妇时发现，他们都在一定程度上使用了联名账户（有时只使用联名账户，有时联名账户与个人账户相互关联），帮助妻子卸下“持续掩饰自己是家里的经济支柱的负担”。那种负担太过沉重，以至于一些收入超过男性伴侣的女性干脆从不透露这一事实。下面这个例子是一位匿名给 BBC 投稿的女性所分享的：

> 现在，我和男朋友都渴望去度假……我可以为我们两人支付费用，但我没有提出要预付费用，而是保持沉默。我没有告诉他我的储蓄账户里有超过 5 000 英镑的存款，他不知道这笔钱。我之所以会向他隐瞒，是因为我担心他会感到难过。

经济学家玛丽安·贝特朗（Marianne Bertrand）、埃米尔·卡梅尼察（Emir Kamenica）和杰西卡·潘（Jessica Pan）发现，对性别不平等的厌恶可能会降低结婚的可能性。他们观察到：“在婚姻市场中，当随机选择的女性比随机选择的男性可能赚得更多时，结婚率就会下降。”

选择个人账户，还是联名账户

对于一对夫妻而言，究竟哪种银行账户结构是最佳选择，答案众说纷纭，相互矛盾的建议比比皆是。例如，为财务顾问公司 Ramsey Solutions 撰稿的理财专家瑞秋·克鲁兹（Rachel Cruze，该公司创始人戴夫·拉姆齐的女儿），就力促已婚夫妇只使用联名账户：

> 开立一个联名账户……钱不再是“他的”和“她的”，“两人成为一体”。把钱分开，分摊账单是一个糟糕的主意，这只会在日后引发更多的金钱和关系问题。不要开设个人账户。要把你们所有的钱放在一起，将其视为一个整体。

而另一些人，比如凯文·奥利里（Kevin O’Leary），他因一档真人秀节目《创智赢家》（*Shark Tank*）而被称为“神奇先生”。他强烈支持将钱分开管理：

> 你需要保持自己独立的财务身份。人类还在洞穴里摆弄石头时，这个智慧就已经被使用。正如石头也分你的、我的一样，账户也应分你的、我的。

还有一些人则采取了中间立场，如苏茜·欧曼（Suze Orman）就建议：一对夫妇可以拥有“至少三个账户：一个归你，一个归你的伴侣，还有一个是联名账户（通常可由 2 ～ 4 个人共同拥有），用于支付共同开销”。

金钱心理学实验室
TIGHTWADS AND SPENDTHRIFTS

鉴于哪种账户结构是最优选择尚无定论，所以，不同夫妻在管理家庭资金时会做出不同决策，这也就不足为奇了。[4] 在过去 20 年的一系列样本中，大约 10% ～ 15% 的已婚夫妻表示，他们会各自使用相对独立的个人账户。[5] 在这些夫妇中，有多少人坚信个人账户是最佳选择，又有多少人打算开设联名账户，我们不得而知。但大多数夫妇都报告称，他们现在只使用联名账户（占比为 52% ～ 64%），尽管他们开设联名账户的时间各不相同（有些人会尽快开设，而有些人则会等等再说）。[6] 但社会学家乔安娜·佩平（Joanna Pepin）认为，未来几年，联名账户可能会变得不那么受欢迎了。现在的夫妻结婚越来越晚，有人可能会在同居一段时间后才结婚，这样一来，使用个人账户的时间就更多了，渐渐地这就会成为一种根深蒂固的习惯。[7]

那么，哪种账户结构对维系伴侣之间的良好关系最有益呢？与金融专家众说纷纭的情况不同，研究人员发现，那些只使用联名账户的伴侣拥有更令人满意、最能给予彼此相互支持的关系。这些伴侣也更倾向于遵循共同财产规范，将配偶一方的收入视为共同收入。[8] 这里，我们遇到了一个经典的统计学难题：二者之间的关系，究竟是相关性问题，还是因果问题？根据目前的研究，我们不太确定联名账户是否有助于稳固伴侣关系，也不确定是不是因为关系本身很稳固，伴侣才会选择联名账户（或许，这两种因素都在起作用）。认为二者存在相关性的观点（不同类型的伴侣在如何处理他们的金钱问题上会做出不同的决定）当然有其合理之处。我们一起来看看伊丽莎白讲述的她和格雷厄姆的故事吧，二人都是退休教师：

> 自从我们搬到一起住之后，我们所有的钱就都是彼此的了——我们有一个联名账户。我们共同拥有所有东西。我觉得，这体现的是一种传统观念，即你所拥有的要与他人分享，你是家庭的一部分。在拥有全球视野这一方面，我受到了传统文化的指引……在我们人生的不同阶段，有时我的丈夫在工作，而我没去工作；有时又是我在工作，而他没去工作——我们把彼此视为一体。

我认为，联名账户并不是导致伊丽莎白这样看待她婚姻的根本原因。相反，选择联名账户似乎是伊丽莎白和格雷厄姆对生活有着相同看法的自然而然的结果。

不过，我们有充分的理由认为，开设并使用联名账户能够对伴侣之间的互动产生积极影响。如果双方始终能平等地使用所有家庭资金，收入较低的一方就更能避免产生自己需要“靠津贴生活”的感觉。通过将“你的钱”和“我的钱”变成“我们的钱”，开设联名账户可能有助于伴侣更持久地做出维护共同财产的行为。那些始终坚守共同财产理念的伴侣通常比那些无法做到这一点的伴侣更幸福。特别是在婚姻初期，人们在维护共同财产时会出现懈怠的情况，及时阻止这一势头尤为重要。泰德·休斯顿（Ted Huston）及其同事将婚姻最初的两年称之为“婚姻的熔炉”，这期间形成的良好关系将为未来的幸福婚姻奠定坚实的基础。

金钱心理学实验室
TIGHTWADS AND SPENDTHRIFTS

在过去几年里，我一直与珍妮·奥尔森（Jenny Olson，我以前的博士生，当下的学术奇才）、黛博拉·斯摩尔和伊莱·芬克尔合作，试图弄清楚夫妻的银行账户结构是否真的会影响到他们的关系满意度。我们就招募的 230 对订婚情侣和新婚夫妇进行了一项为期两年的独特实验。

参与实验的所有伴侣当时都只拥有个人账户，但他们表示愿意改变这种账户结构。

我们首先对关系满意度进行了基线测量。期间，我们问了一些常规问题，比如：“你喜欢和伴侣在一起吗？”“你认为你和伴侣之间的事情进展顺利的概率是多少？”每位伴侣都是私下里独立完成这份调查问卷的。接下来便到了有趣的部分——我们将这些伴侣随机分配到三种情况中的一种：在接下来的两年里继续只使用个人账户（“个人账户组”）；开设并只使用联名支票账户或储蓄账户（“联名账户组”）；按照自己的意愿管理资金（“不干预组”）。“联名账户组”里的伴侣需要在 3 个月内给我们发送一份隐去敏感信息的银行账户对账单，以证明他们至少开设了一个新的联名账户。在接下来的两年里，我们对这些伴侣进行了五次调查，以评估他们关系满意度的变化情况。鉴于我们对他们的要求不高，所以给他们的报酬也相当微薄（如果伴侣双方都完成了所有调查，可获得 250 美元）。但我们还是很幸运地找到了一群认为这项研究很重要的伴侣。

话虽如此，还是有一些伴侣没有完全遵守我们的指示。长期实验往往会发生一些混乱状况。

一些被分配到“联名账户组”的伴侣从未开设联名账户，而一些被分配到“个人账户组”的伴侣不愿意等两年才开设联名账户。我们希望这些伴侣能如实说明他们的执行情况，所以强调，无论是否遵守指示，他们都会得到报酬。就关系满意度或其他一系列测量特征（如年龄、就业状况、宗教信仰、责任心）而言，遵守指示的伴侣在基线水平上与未遵守指示的伴侣并没有显著差异。在三种情况下，遵守指示的伴侣在基线水平上彼此相似。了解这些情况，有助于排除对研究结果的“选择性”解释。也就是说，遵守指示的伴侣和未遵守指示的伴侣并没有明显差异。[9]

我们的分析主要集中在遵守指示的伴侣身上。与以往的研究结果一致，“个人账户组”和“不干预组”的伴侣随着时间的推移，关系满意度都出现了显著下降。但被分配到“联名账户组”的伴侣并没有出现这种下降。[10]在研究结束时，“联名账户组”的伴侣对关系的满意度明显高于“个人账户组”或“不干预组”。这样来看，联名账户干预措施有助于维持关系满意度。

在某些方面，我们的实验与《魔鬼经济学》（*Freakonomics*）的作者之一史蒂芬·列维特

（Steven Levitt）最近做的一项实验在精神上有相似之处。列维特找到了一些正在为重要人生决策（如他们是否应该辞职、离婚、重返校园或要个孩子）而苦苦挣扎的《魔鬼经济学》爱好者。他让他们说出自己最紧迫的问题，并邀请他们在他的网站上“抛一枚虚拟硬币”。如果硬币正面朝上，网站会建议他们做出正在考虑的改变（如直接辞职）；如果硬币反面朝上，网站就会建议他们至少在 2 个月内维持现状（如继续留在目前的工作岗位上）。他在 2 个月和 6 个月后对抛硬币的人进行了调查，以了解他们是否听从了建议以及他们的幸福程度如何。大多数人听从了建议，不过，维持现状的建议自然比做出重大改变的建议更容易遵循。在听从建议的人中，那些做出重大改变的人在 6 个月后的幸福感明显高于没有做出改变的人。这些结果表明：人们在考虑是否应做出重大改变时行事过于保守，有很多人都应该直接去做。我们也发现了类似的情况：在考虑将资金合并到联名账户的伴侣中，被鼓励直接去做的伴侣在 2 年后过得更好。

并非所有只使用了个人账户的伴侣都有把钱合并的想法。

在我们刚开始为银行账户实验招募参与者时，通过初步筛选调查，我们确定了962对符合条件的伴侣。当我们告知他们参与实验可能需要改变银行账户结构时，有732对伴侣立即选择了退出（最后只剩下上面提到的230对伴侣）。作家卡罗琳·基奇纳（Caroline Kitchener）认为，一些年轻伴侣不喜欢联名账户带来的收入模糊性。她讲述了卡瑞娜和扎克的例子，这是一对20多岁、拥有两份收入的伴侣，从卡瑞娜的角度来看：

> 在给他买礼物、为晚餐结账时，我很高兴自己也在为这段关系付出着。这是我的付出，因为花的是我的钱。

对有些伴侣来说，仅靠一个联名账户似乎不太可能改变他们的关系。以下是两个颇为相似的例子：

> 我父亲是一名外交官，我母亲为了陪伴他，不得不放弃了自己的职业生涯，我至今还记得她对此有多么不开心。有一次，父亲大肆购物，有人问母亲："你怎么能接受他这样挥霍呢？"父亲无意中听到了，于是他回答说："这是我的钱，我想怎么花就怎么花。"当时，即便我还是个孩子，但他对母亲和母亲在财务

以外诸多方面贡献的不认可，仍给我留下了深刻的印象，至今让我难以忘怀。

—— 匿名者

我男朋友希望各自的钱归各自所有，尽管我们有一个 5 岁的儿子，而且已经在一起 7 年了…… 他的收入是我的 4 倍，但他总是说："这些钱都是我努力工作赚来的，我为什么要多付？" 他认为，他的钱应该由他随心所欲地支配…… 我们的关系并不理想。

——莎拉，44 岁，销售经理

对于这些故事里的男人而言，是否仅开设联名账户，就能让他们把所有家庭资金都视为"我们的钱"？对此，我持怀疑态度！如果一段关系不稳定，甚至处于岌岌可危的状态，明智的做法是避免在财务上全盘投入。那些离过婚且深刻地体会到了关系不稳定的人，在第二次婚姻中更有可能会避免开设联名账户。在特别不健康的关系中，联名账户甚至可能助长"财务滥用"情况的出现（如一方清空了联名账户，让另一方在经济上对他产生依赖，以此阻止对方离开）。在这种极端情况下，经济上受到虐待的一方如果有可能，应确保自己有一个个人账户，这点非常重要。

你是否应该有一份婚前协议

对于对此有所疑问的人来说，伴侣双方的银行账户结构在法律层面的影响微乎其微，如果你身处像加利福尼亚这样实行夫妻共同财产制的州，情况更是如此。在这些州，婚姻存续期间获得的任何资产，在离婚时都将被平均分割，无论这些资产在婚姻期间是以何种形式存在以及是如何进行存储的。在其他州，资产分割会稍微复杂一些（强调的是公平分割而非平均分割），但同样，婚姻期间资产的存在方式不太可能会对结果产生实质影响。夫妻的银行账户结构可能会对双方心理和婚姻关系产生重大影响，但在法律层面影响极小。

如果你担心离婚时如何捍卫原本属于自己的那份资产，那你可以考虑签订一份婚前协议。即便你已经结婚，仍然可以签订一份“婚后协议”。当夫妻双方带着大量资产步入婚姻，或一方需要牺牲掉自己的事业来抚养孩子（这会使其在离婚时极易陷入经济困境）时，签订一份协议就很有必要。遗憾的是，在心理层面，签订婚前协议似乎很难行得通。原因显而易见，如果你要求签订婚前协议，这可能意味着你对这段关系的稳定性心存疑虑。即使最终对方签署了婚前协议并已归档，对方还是很难忘记自己的伴侣曾经抱有过怀疑态度。这会让你看起来像随时准备抽身离开一样。

另一个心理层面的问题是，婚前协议可能会改变我们对维持一段幸福婚姻所付出的努力程度。申智惠（Jihae Shin）和凯蒂·米尔科曼（Katy Milkman）发现，备用计划会降低人们对目标实现的渴望程度，进而会影响到目标的达成。一份被视为备用计划的婚前协议，可能会让伴侣对婚姻关系中出现的危险信号反应得没那么迅速了。

具有讽刺意味的是，在美国，默认情况下，人人都有一份婚前协议，即所在州都有关于离婚时资产分配的法律规定。正如之前曾担任过家庭法律师的埃里克·牛顿（Erik Newton）所指出的那样："问题不在于你是否应该有一份婚前协议，而在于你是否想要所在州默认的那份协议。"这就是选择架构至关重要的地方：如果各州要求夫妻在婚前起草一份定制化的婚前协议，那么婚前协议就不再会传递出对婚姻关系抱有不确定性的信号。仔细斟酌和协商协议内容仍然可能令人感到不快，但我认为，这不会造成过于持久的心理伤害。**婚前协议在心理上具有伤害性，主要是因为它们是可选项。**

银行账户结构如何影响日常消费

当人们在被观察时，他们的行为表现往往与没被观察时有所不同。拉尔夫·瓦尔多·爱默生在他的《论崇拜》一文中写道："正如人们发现煤气灯是夜间最好的警察，宇宙也通过毫不留情的公开性来保护自己。"如果你想阻止夜间的不良行为，那就确保街道灯火通明。类似的原则也适用于零售环境中的"防损"。例如，假如你想阻止自助结账时的盗窃行为，可以效仿塔吉特的做法：设置一个监控器，向购物者展示他们的实时录像，不管这画面有多不讨人喜欢。同时，上面还需配上一条大大的红色横幅，上面写着"监控正在进行中"。这种方法似乎比让员工主观判断谁"看起来可疑"要好。[11] 可观察性影响的不仅仅是不良行为。以全食超市的比萨区为例。之前多年，如果你想要一片比萨，你需要请员工为你打包。最近，他们将这一环节改成了自助服务。该超市的运营主管杰森·兰农（Jason Lannon）注意到了一个明显的变化："以前我们为顾客提供比萨时，他们通常只买一片，但神奇的是，当他们自己动手时，就会买两片。"

使用联名账户所带来的可观察性还能够抑制奢侈消费。使用联名账户会促使你思考，该如何向伴侣解释一笔消费的合理性。这会让你远离奢侈的选择，转而选择更实用的商品。不出所料，与只使用个人账户的夫妻相比，只使用联名账户的夫妻报告的财务问题更少。实际上，单身人士也明白，如果有人监督，这会对你的财务状况改善很有帮助：很多对朋友之间都会采用“财务伙伴制度”来互相监督，从而确保双方都能坚持各自的消费和储蓄目标。

亲密关系中的财务透明度

使用联名账户有诸多充分理由。比如，如果伴侣关系中有一方是购物车，联名账户所带来的监督作用有助于抑制其过度消费；如果你想掩盖收入差距，将所有家庭资金直接存入联名账户也会有一定帮助；如果你想延缓共同财产规范遵循度的自然下降，你可以利用联名账户把“你的钱”和“我的钱”变成“我们的钱”。如果你一直在考虑和伴侣开一个联名账户，那就去做吧。

但不太确定的是，夫妻是否应只使用联名账户。我当然不这么认为。我的做法与凯瑟琳·巴布-穆吉拉的非常相似：将所有资金直接存入一个联名账户，然后，双方根据实际需要，将部分资金转入个人账户。这里仍然存在着一定的监督作用，因为双方都能看到彼此从联名账户转至个人账户的金额。但这种监督仅限于宏观层面：我们并不会细致地查看对方个人账户，了解其是如何使用这笔钱的。

这种做法对我们来说很有效，但它确实引发了一个更为普遍的问题：在一段关系中，什么样的财务透明度最为合适？双方应该对彼此的消费决策了解多少？如何传达这些信息？在第 6 章，我们将探讨伴侣是如何谈论财务决策的，以及他们怎样做才会更好。

TIGHTWADS AND SPENDTHRIFTS

NAVIGATING THE MONEY MINEFIELD IN REAL RELATIONSHIPS

第 6 章

别问我，我就不会说谎

存钱罐	购物车
倾向于确保财务完全透明，以控制支出	倾向于保持财务半透明，以确保消费自由
往往会有隐瞒储蓄或限制支出的行为	往往会有隐瞒债务或过度消费的行为
否定伴侣的爱好价值，主张用低价品来替代	为自己的爱好辩护，强调专业领域的价值
会因过度节俭而产生内疚感	会因消费自由需求而产生隐瞒压力

第6章
别问我，我就不会说谎

我想跟你们分享一下我已故的姑婆多丽丝和她丈夫查理（Charlie）的故事。查理很喜欢吃牛排，但在他们婚姻的某个阶段，多丽丝觉得牛排太贵了，于是禁止买牛排。坦白说，多丽丝在给除自己以外的人花钱时，多少有些吝啬。就这样，查理很难再吃到牛排了！几年后，查理去世了。多丽丝悲痛欲绝，在葬礼上痛哭流涕："我真该让查理吃牛排的。"大家一时语塞，但这并非因为怕她自责。要知道，家里人都清楚，查理每周总有几次会溜出公司，到附近的一家餐馆点份牛排当午餐。他付的是现金，多丽丝对此一无所知。

——海琳·奥伦（Helaine Olen）

诚实是健康的亲密关系中不可或缺的一部分。但对伴侣而言，诚实究竟意味着什么？它至少意味着不要故意对伴侣说谎，不要告诉对方自己明知是虚假的事情。但我们是否一定要对所有的事情都绝对坦诚、毫无保留？我们是否总是需要说出全部事实？如果我们脑海中闪过了诸如“嘿，在阳光下，我真的发现你的头发越来越少了”或者“哇，今天咱们的邻居看起来真迷人”一类的念头，我们需要跟伴侣分享这些想法吗？在一些婚姻专家看来，答案是肯定的。例如，临床心理学家、畅销书《浪漫有对错》（*His Needs, Her Needs*）[①] 的作者威拉德·哈利（Willard F. Harley，Jr.）就主张，夫妻之间要“绝对诚实”：

> 尽可能多地向你的配偶透露与自己有关的信息，包括你的想法、感受、习惯、喜好、个人经历、日常活动以及未来计划……彼此之间不应有任何隐瞒。

在财务领域，我们也经常听到类似的建议。例如，2016年《商业内幕》（*Business Insider*）的一篇文章就指出：“婚姻幸福的夫妻在金钱方面不会遮遮掩掩。相反，他们会对彼

① 你以为是“不够爱”，其实是“没对上频道”。你努力付出，他/她却毫无感动？《浪漫有对错》这本长销40年的婚姻实用书告诉我们：爱情不是只靠感觉和仪式感，更需要学会“精确满足”对方的情感需求，该书中文简体字版已由湛庐引进、由浙江教育出版社于2025年出版。——编者注

此开诚布公，哪怕是细枝末节的小事，他们也从不隐瞒。”戴夫・拉姆齐给夫妻的财务建议则更为直接：“不能，绝不能有秘密！！”近期的调查表明，有些夫妻并未听从这一建议。显然，夫妻双方并非总会毫无保留地坦白自己所有的财务活动。财务欺诈（financial hanky-panky）、婚外财务关系（extramarital financial relations）、财务不忠（financial infidelity）[1] 等媒体对财务不完全透明现象的称呼暗示出，这种行为会对婚姻造成伤害。它们听起来都是那样不堪。

为《华尔街日报》撰稿的财经记者莫妮卡・莫塔（Monica Mehta）称，财务不忠是现代婚姻的“瘟疫”。从各方面来看，这场瘟疫正在蔓延，因为千禧一代身上似乎比他们的前辈更容易出现财务不忠的情况（也或许只有千禧一代愿意在调查中承认这一点）。无论从哪个角度看，当前的情况都令人担忧。

但当我仔细审视那些被归类为财务不忠的一系列行为时，我就变得不那么担心了。设想一下，你在杂货店用借记卡结了账，完事后又取了一些现金。我们之前提到过的 Ramsey Solutions 公司的理财专家瑞秋・克鲁兹认为，如果你不向配偶汇报取款金额，那么你就产生了财务不忠的行为。其逻辑是，你可能花 100 美元买食品和杂货，然后又额外取了 20 美元，你的配偶看到银行账单时，会以为你花了 120 美元买食品和杂货。这时，你就可以偷偷地把这 20 美元随意花掉。

艾米丽·加宾斯基（Emily Garbinsky）及其同事设计的一份广为人知的有关财务不忠的调查问卷中，包含了一些需要回答是否同意的陈述，例如："假如我赢了一笔赌注，我可能会买点好东西犒赏自己而不告诉我的伴侣"；"我的伴侣完全清楚我花了多少钱给亲朋好友买礼物"（在这里，不同意这些表述就表明存在财务不忠的行为）。[2] 像用意外之财偷偷给自己买点好东西和不透露给亲朋好友买礼物的确切花费等财务不忠的行为似乎并不是特别严重。或许我和我妻子的婚姻有些特别吧，但我真的无法想象我们俩会有谁想知道对方给亲朋好友买礼物究竟花了多少钱。这么多年以来，这类礼物从未造成过任何明显的财务亏空，所以我们会觉得没必要深究这类细节。

我并不是有意轻视秘密支出可能带来的潜在危害。最近有一位匿名咨询者给 *Slate* 杂志写信，讲述了她丈夫偷偷开了多张信用卡，累积了超过 10 万美元债务的故事。另一位女士写信给《死亡、性与金钱》（*Death, Sex, and Money*）播客，讲述了她丈夫偷偷在网上赌博时欠下了巨额债务（这曾令他试图自杀）的故事。秘密支出可能具有毁灭性的伤害。但公开支出有时也可能如此，比如，你的配偶辞去工作并清空了储蓄账户，只为追逐一个注定失败的激情项目。如果某种支出会毁掉一段关系，那它很可能是那种大家都已经知道的支出，比如无法负担的抵押贷款、冲动购买了梦想中的汽车。当然，你可能需要排队才能买一辆新的特斯拉，这对婚姻来说可能是件好事。

即使你坚信，秘密支出不太可能会导致财务崩溃，但你可能还是会认为财务完全透明是最好的。我理解这种直觉，但在本章中，我会解释在何时以及为何财务半透明或部分透明）会对亲密关系更有益。这一指导建议最适用于由存钱罐和购物车组成的亲密关系。实际上，即使双方的消费观念相似，但如果彼此有不同的兴趣爱好（如一个是热衷于收集古董的购物车，一个是热衷于收集非同质化代币的购物车），这些建议也仍然适用。我希望，我们在思考该透露什么、该隐瞒什么的问题上，对自己和伴侣都别太苛刻。

我们不妨先来思考一下，为什么财务完全透明会引发不必要的紧张关系。

“拿铁效应”

伴侣在金钱方面发生争执的情况总是在所难免的。当夫妻双方共同走过了一段人生路后，其间出现的各种情况会迫使双方直面他们在消费观念上的冲突。“我们能负担得起再做一轮试管婴儿的费用吗？”“我们能给我弟弟一笔贷款吗？”“我们能很快退休吗？”做出这类决策后，随之而来的紧张气氛是不可避免的。相比之下，一些日常的金钱分歧似乎根本不值一提。然而，它们却可能消耗我们大量的精力。下面的这位匿名咨询者称自己和伴侣“因冰茶而陷入了金钱战争”：

> 最近，我和我的伴侣开始跑步了，这对我来说意义重大，因为我从高中起就再没跑过步。作为对自己有所进步的奖励，我经常会在当地的一家茶馆前停下来，然后买一杯冰茶，价格从未超过 5 美元。这让我的伴侣很不满，他建议我跑步时自带茶水，这样能省点钱。在我的预算里，我认为自己有足够的空间来满足我在跑步途中偶尔喝杯茶带来的多巴胺刺激。

与之类似，美国消费者新闻与商业频道（CNBC）也报道了一个男子的故事，尽管这对夫妻的年收入总额高达 22 万美元，但他还是不顾妻子的感受，“坚决不让妻子在外面买咖啡”。

为什么夫妻有时会为这些看似微不足道的消费而争吵呢？其中的一个原因是，我们很多人都深信，这些消费绝非微不足道。许多个人理财专家都认为，如果我们把花在这些小嗜好上的钱存起来，而后进行投资，有朝一日，我们可能会成为百万富翁。个人理财畅销书《精明女人理财之道》(*Smart Women Finish Rich*）和《拿铁因素》(*The Latte Factor*）的作者戴维·巴赫（David Bach）常说："拒绝了一杯拿铁，就等于赚到了一笔财富。"苏茜·欧曼也生动地说过："你在喝那杯咖啡的时候，就等于把 100 万美元冲进了下水道。"这种观点向外传达的是："无论你的薪水是多少，你都很可能已经拥有了足够的钱，可以让自己变得富有了。"

这个观点具备奇普·希思（Chip Heath）和丹·希思（Dan Heath）所说的"黏性"观点中的所有要素。这一观点特别容易理解，也很好记忆（如那个一直存在的谬论——"你只使用了大脑的 10%"）。黏性观点的第一个要素是简单性。"拿铁效应"就是个简单的观点：小额投资会让你变得富有。巴赫赞扬了这个观点的简单性："改变人们生活的往往是最简单的想法，而非复杂的那些。"黏性观点的第二个要素是出人意料。就"拿铁因素"观点而言，你可能从未意识到，自己已经拥有的钱足够让你变得富有了。此外，黏性观点的第三个要素是具体的意象至关重要。例如，约翰·肯尼迪并不是通过含糊地谈论探索太空的必要性来激励阿波罗计划的工程师们的，而是通过设定一个充满具体意象的目标——"让人类登上月球并安全返回地球"来做到这一点。对巴赫来说，具体的意象就蕴含在这个观点的名称里：拿铁效应。黏性观点能引发情感共鸣，这正如很多人认为的那样：巴赫的观点很鼓舞人心。与代际财富差距和结构性不平等不同，你可以控制拿铁的购买。如果某个观点来自可信、权威的来源，这会让它更能站得住脚，而巴赫本人就常被描述为一位“白手起家”的百万富翁。[3]顺便提一下，他的父亲马丁几十年来一直是迪恩威特（Dean Witter，又称“添惠公司”）杰出的财务规划师[4]，戴维·巴赫在20世纪90年代初加入了他父亲的巴赫集团（Bach Group）。

不幸的是，这个观点除了具有黏性外，还美好得不太真实。《华盛顿邮报》的专栏作家海琳·奥伦（即本章开头查理故事的提供者）令人信服地指出了巴赫观点中的几个数学漏洞，包括高估并向上取整了普通拿铁咖啡的价格，假定股票市场投资始终能保持高回报率（巴赫假定年回报率稳定在10%），以及没有考虑到通货膨胀和税收因素。对此，巴赫回应道：“这与保证回报率无关，而且我在书中也没有承诺10%的回报率。我的书中有很多复合利率从1%到10%不等的示例。”然而，当承诺是帮助你“最终致富”时，人们就能理解读者为何有可能会忽略书中表格里显示不同回报率增长情况的那些不怎么吸引人的栏或列了。

尽管如此，还是有很多人相信“拿铁效应”这一谬论，因此，当他们看到或得知伴侣购买了这些小享受时难免会感到恼火。对于家庭中的这种负面反馈，一种可能的应对方式是减少或放弃这些小享受，但这样一来，生活将毫无乐趣可言。我认为，作家劳拉·范德卡姆（Laura Vanderkam）对这些小享受的看法是正确的：

> 小享受实际上会对人们的幸福感产生切实影响。从长远来看，这些微小而频繁的犒赏给你带来了很多益处。在很多情况下，你或许会买一张便宜的餐桌，然后把剩余的钱拿来买咖啡或和朋友出去吃午餐，这样的生活反而更好。

如果你的伴侣会担心你的这些小享受将带来不利的长期后果，那么，对伴侣少透露类似消费不失为一个明智的选择。如果你是存钱罐，那就尤其应该如此，遵循这个建议，将使你受益匪浅。实际上，**存钱罐最不需要的就是伴侣在一旁监督，对他们偶尔的享受行为指指点点。**存钱罐本身就会因偶尔享受了一下而自责，他们不需要一个相信“拿铁效应”谬论的伴侣来添乱。

恋爱中的消费分歧

在日常消费中，你可能不想透露过多的消费决策，因为你的伴侣可能缺乏评估这些决策所需要的背景信息。假设你和你的伴侣有一些不同的兴趣爱好——一方喜欢收集棒球卡，另一方热衷于做针线刺绣手工。这听起来可能很老套，但这正是我和我妻子目前的实际情况。由于双方都不了解对方领域里的专业知识，所以很有可能会对对方喜爱的相关物品的价格感到惊讶。例如，对于集卡者来说，有机会花 200 美元买到一张经鉴定为“宝石”（完美）品相的托尼·格温（Tony Gwynn）新秀卡，他很有可能会毫不犹豫地出手，但做针线刺绣的人可能会对竟然有人愿意花这么多钱买一张硬纸板感到震惊。同样，集卡者可能会对手绘刺绣帆布的价格感到震惊，并提出一些让人不太舒服的问题，如“我们难道就不能从家居用品店买一个看起来差不多的枕头吗”？

这种因价格标签而震惊的情况并不只发生在集卡者和做针线刺绣的人身上。我们在生活中遇到的大多数产品似乎都定价过高，比如现在的“女童子军饼干”，其售价已经高达 5 美元了，这足以让一些“成年人”对售卖饼干的孩子们说些刻薄的话。当我们对某个特定领域了解不多时，该领域里的产品价格就会显得格外高。非专业人士很难区分产品质量的高低。对我们很多人来说，一幅艺术印刷品和一件原创艺术品看起来没有什么区别。在我们缺乏专业知识的领域，我们尤其容易低估高质量产品的市场价格。

如果伴侣双方分享了各自在不同爱好上的花费情况，其结果一定会震惊到彼此的。那么，财务完全透明在这里又有什么好处呢？当然，如果某人在爱好上的花费已经失控，那么公开一切应该有助于遏制危险的过度消费势头。但在绝大多数情况下，如果将与爱好相关的消费完全公开，很可能会造成不必要的紧张气氛，甚至还会降低对该爱好的热情。这些都是不好的结果。留出一些空间给兴趣爱好，这对我们的幸福非常重要。

对于那些可能难以向伴侣解释的消费，我认同琼·查茨基（Jean Chatzky）的看法：

> 你要构建一种财务生活模式，让自己不必非得撒谎，这意味着你要拥有一定的财务独立性。你的丈夫可能不理解你对鞋子的热爱。你可能也不欣赏他爱喝精酿啤酒这一爱好。只要这两者都不妨碍你们实现储蓄目标，又有什么关系呢？

恋爱中的“半透明”艺术

也许你已经明白，财务完全透明可能会带来负面后果。相比之下，财务半透明（或者说部分透明）的想法可能会好一些，但可能仍显得过于激进。如果你正处在一段恋爱关系中，你很可能已经做出一些财务半透明行为了。例如，当你为伴侣买一份生日礼物时，你会把价格标签留在上面吗？你会马上宣布自己已经买了礼物，还是会留到那个重要的日子再揭晓呢？在这种情况下，财务完全透明真的好吗？

我很想为自己的观点“财务完全透明可能对恋爱关系有害”邀功，但我知道，自己绝不是第一个认识到这一点的人。例如，研究信任问题的作家兼专家瑞秋·博茨曼（Rachel Botsman）就经常指出：“如果我们需要透明度，那就意味着我们已经放弃了信任。”如果我需要你详细说明最近购买了哪些东西，很显然，这表明我不信任你。因缺乏信任而采取的自我保护行为（如要求你的伴侣完全公开其全部财务活动）会逐渐侵蚀婚姻关系中的幸福感。正如研究亲密关系的专家莉迪亚·埃默里（Lydia Emery）和伊莱·芬克尔所说，伴侣们常常需要做出选择：是想建立亲密关系，还是要保护好自己？

著名的家庭治疗师、美国家庭治疗学会（American

Family Therapy Academy）前主席埃文·英伯－布莱克（Evan Imber-Black）将这种思路又推进了一步。她认为，一定程度的秘密对婚姻关系是有益的：

> 当夫妻中的一方跟我说他们之间没有任何秘密时，我总是会感到有些不安。因为没有秘密意味着没有界限，没有独立的自我，没有私人信件或日记，没有空间去怀揣着个人梦想，也没有神秘感……那些“毫无秘密”的夫妻常常会来寻求心理治疗，因为他们的关系开始变得乏味无趣。禁止有秘密的做法扼杀了个人的主动性和制造惊喜的可能性。他们会找到我，也可能是因为其中一方违反了“无秘密”准则。

需要注意的是，布莱克并不是在提倡人人都要深藏起自己的秘密。有些秘密极具危害性。比如，倘若你一直在隐瞒自己通过挪用工作单位的资金来支付房屋装修费用，那你应该尽早地找个合适的时机坦白问题。隐瞒并反复琢磨一个不可告人的秘密有害身心健康。你可不想陷入类似《泄密的心》（*Tell-Tale Heart*）所描述的那种境地。在本章最后，我们会更加深入地探讨这类不可告人的秘密。布莱克认为，对婚姻关系有益的秘密，是那种“双方都知道对方有所隐瞒，但隐瞒的具体内容并非完全未知”的秘密。在财务领域，这可能意味着我们都明白彼此会花一些钱在个人的兴趣和爱好上，但不会追问对方具体细节。这实际上就是凯瑟琳·巴布－穆吉拉在第 5 章中描述的方法：“我们每个月会给对方 500 美元，随你怎么花，都没问题。”这 500 美元预算具体是怎么花的，属于个人秘密，但每个人都清楚对方有这笔秘密开支。从唐纳德·拉姆斯菲尔德（Donald Rumsfeld）的角度来看，这是一个“已知的未知”。我的朋友格兰特·唐纳利（Grant Donnelly）是一位市场营销学教授，他在吃了苦头后才意识到这种安排的必要性：

> 在我们每月的财务会议上，我和丈夫会评估我们的消费情况，并在接下来的一个月中做出调整。今年，我们在计划中新增了两个类别：一个是我的个人账户，另一个是他的。如果我们买了一些不想分享的东西，这些账户能给我们提供一定的隐私空间。这一举措是在我们的消费追踪系统破坏了节日期间互赠礼物的惊喜之后才开始实施的。

学术研究也表明，**对于婚姻关系而言，绝对坦诚并非一个理想的选择。**例如，卡特里恩·芬肯奥尔（Catrin Finkenauer）和哈娜·哈扎姆（Hana Hazam）就发现，与那些总是毫无保留的人相比，那些更倾向于“情境保密”的已婚人士对婚姻关系的满意度更高。[5] 与布莱克的观点类似，他们也不认为完全保密是件好事。

相反，芬肯奥尔和哈扎姆认为，最幸福的伴侣往往是那些明白每一种行为（坦白或保密）在特定情境下的成本和收益，能在坦白和保密之间灵活切换的人。[6]

保持相互独立的自我审查

我非常赞同那种无须解释、可以自由支配的个人账户模式。但要做到这一点并非易事。理论上，你可以随身携带一个装着“秘密零用钱”的信封，但在实际生活中，你很可能会采用其他常用的支付方式来消费。这就意味着，我们可能会用同一张信用卡支付孩子的游泳课费用、给自己买些好玩的东西。当不同类型的物品一起购买时，情况就更复杂了。例如，去塔吉特主要是为了购买家庭必需品，但到了那里后，有时我们也会悄悄买一款新的任天堂游戏。

这令追踪不同类型的消费变得有些困难，也为各种出于主观意愿的心理记账方式大开方便之门，如为了“简单一些”，将在塔吉特的所有消费都归为家庭开支。那么，如何实现在保留隐私的前提下确保每个人的消费都在无须解释的限额内这一初衷呢？一种方法是定期进行自我审查，二人均需回顾自己近期的私人消费情况。我们只需告知对方自己已经完成了自我审查即可，无须交换具体细节。要相信，如果有人超支了，他会意识到问题所在并做出相应调整。在进行定期自我审查时，如果有人希望能得到他人的帮助，应鼓励他们让伴侣参与进来。但默认的情况是，每个人都能独立完成这个过程。这些自我审查并非要取代围绕家庭重大财务决策所进行的更高层次讨论。这些讨论仍然是必要的。

自我审查需要高度的信任。如果你想尽量减少每个人的非必要支出，那就不要采用这种方式。因为在这种情况下，你实际上希望的是所有的支出都公开透明且愿意接受监督。这是个人理财的基本常识。戴夫·拉姆齐说，这样做，感觉就像“要去校长办公室请求许可”才能花钱，但杜绝“小秘密”至关重要。戴维·巴赫建议夫妻尝试一下如下方法：

> 把你一周内的所有消费都记录下来。你不会因为担心可能看到的结果而突然改变自己的消费习惯。就做你一直以来的那个出色的自己，像平常一样花钱……一周结束时，你需要和伴侣坐下来，一起查看彼此的消费清单，目的是找出一些可以从日常消费中剔除的项目。

这听起来无伤大雅，不过，对于“你不会突然改变自己的消费习惯”这部分内容，人们很容易产生怀疑。或许，这对那些想要减少非必要支出的夫妻有帮助。但如果你寻求的是一种干预性较小的方法，旨在平衡财务状况和婚姻关系中的幸福感，我会建议你：尝试一下相互独立的自我审查方式。

恋爱中的“坦诚界限”

你很可能会说：“上一章不是说，要与伴侣建立共有型关系，把带回家里的所有的钱都视为‘我们的钱’，这是件好事吗？可现在看起来，我们似乎在强调个性和界限。”没错，但我并不认为这两者相互矛盾。以共有型的方式对待伴侣是很好的，回应伴侣需求时无须记账。然而，即使是处于深度共有型关系中的伴侣，也应该保持一定的个性。所以没错，钱都是我们的，但我们每个人都可以在不受严密监督的情况下花掉一部分钱。

你可能还会想：“保密、财务部分透明、财务半透明，这些词听起来都像是不诚实的委婉说法。”我并不是在建议你向伴侣谎报自己的财务活动，比如实际花了 20 美元却谎称只花了 10 美元。相反，我的建议是，对于某些类型的消费，你只需在对方要求时提供具体细节即可，理想情况下，这种要求应该很少出现。这种做法达不到法庭上所要求的诚实标准。在这里，你只说真话，但不会主动说出全部真相。婚姻关系存续的环境并非法庭那一类，这种做法或许已经足够诚实了。

我的观点与朱迪·凯特勒（Judi Ketteler）的一致，她是一名作家兼营销传播专家，在其新书《我会对你说谎吗？》（*Would I Lie to You?*）中探讨了拥有一段诚实婚姻的意义。凯特勒的结论是，诚实并不需要完全坦白：

> 在婚姻中，每一个真相都需要分享吗？……你不必把所有事情都告诉每个人，尤其是你的丈夫。诚实不是忏悔，也不是因为难以憋在心里、只想找个人分担负担就说出来。说出真相应该是有原因的。[7]

我们很多人都有一种强烈的冲动，想坦白自己那些不太光彩的想法和行为。就像警匪剧《神探阿蒙》（*Monk*）里常说的："想要坦白的冲动是警察最好的朋友。"如果你已婚，你的配偶并不总是会坦白的理想对象。幸运的是，生活中有很多可以坦白而不会产生不良后果的机会。

一些美发沙龙会挂出这样的牌子："心理治疗费用高昂，

不如来剪个头发！我们是很好的倾听者！”观察性研究表明，很多人（比如我）会把剪头发的那段时间当作一种世俗的忏悔机会。数据科学家兼作家塞思·斯蒂芬斯－达维多维茨（Seth Stephens-Davidowitz）还发现，很多人会把搜索引擎当作倾诉对象。比如，他们会在谷歌上搜索“我讨厌我的老板”或者“我喝醉了”。

警惕关系中的“隐形财务雷区”

早些时候，我对被归为“财务不忠”的宽泛行为范畴提出了批评，因为其中有很多行为似乎并不值得被贴上如此严厉的标签。但有些行为确实超出了保留隐私和减少不必要冲突的合理范围，构成了欺骗。例如，2021 年，在信用卡网站的一项调查中，11% 的已婚受访者私下里承认自己“隐瞒了债务”，9% 的人“藏有秘密储蓄账户”。这一比例并不算高，但肯定存在瞒报的情况。这些都不是埃文·英伯－布莱克所认为的良性秘密，即那种双方都知道对方有所隐瞒的秘密。相反，这些秘密的存在本身就是秘密。

其中的一些秘密是有害的。例如，有些伴侣会隐瞒自己吸毒成瘾或沉迷赌博的事实。配偶处理金钱的方式，能否让这些有害秘密具有更强的可预防性、可检测性或可解决性呢？如果你很担心伴侣有朝一日会误入歧途，那么，在婚姻关系早期，你可能就会坚持实行完全透明的消费原则。你不需要说，自己在担心伴侣最终会犯下大错。作为托词，你可以只说自己需要通过完全透明的消费方式来增强自我约束。但如果你发现或强烈怀疑伴侣已经深陷不良行为之中，那么你就必须把重点放在寻求必要的个人或夫妻共同的咨询服务上。你当然可以采取一些财务措施来保护自己和家人，特别是在考虑离婚的情况下，如收集信用报告和银行对账单，以证明你的配偶存在“浪费和挥霍”夫妻共同财产的行为。然而，我们这里所讨论的这类有害秘密，比如吸毒成瘾，本质上并非财务问题。没错，它们可能会带来毁灭性的财务后果，必须加以应对，但它们的根本原因并非在于财务方面，必须有针对性地加以处理，如进行咨询或医学治疗。

善意的谎言有存在空间吗

有些谎言是“亲社会的”，源自爱意。这些谎言是为了让他人受益而说的。例如，如果你给节俭的配偶买了一份超棒的生日礼物，而你的配偶忍不住问你花了多少钱，在这种情况下，少报一些礼物的花费可以说是一种亲社会行为。但这只是存钱罐和购物车之间送礼物时会产生的众多复杂的心理因素之一。接下来，让我们探究一下这些复杂因素，并思考如何加以应对。

TIGHTWADS AND SPENDTHRIFTS

NAVIGATING THE MONEY MINEFIELD IN REAL RELATIONSHIPS

第 7 章

礼物的秘密语言

存钱罐	购物车
• 注重礼物的实用性，追求高性价比	• 注重礼物的价格和华丽度，追求“视觉冲击”
• 认为在选购礼物方面，金钱支出是重大牺牲	• 认为在选购礼物方面，时间和精力的投入是重大牺牲
• 认为礼物的情感价值高于实用价值	• 重视礼物的物质价值，低估了精神共鸣在送礼中的重要性
• 会因预算压力回避送礼物这件事	• 喜欢主动制造给对方送礼物的惊喜，但易流于形式

第7章
礼物的秘密语言

那是圣诞节的一个清晨，孩子们在我们的脚边玩耍。

我的目光落在腿上已被打开的包裹里的内衣和礼服上。

这是真的吗？这就是他给我准备的礼物？

我抬起了头。

看到了我的丈夫。

他脸上洋溢着喜悦。

他对自己为我挑选的礼物感到无比自豪。

那一刻，我感到愧疚，觉得自己很愚蠢，又无比沮丧。

最重要的是，我觉得自己完全不被理解。

“哦，哇，谢谢！我现在得想想，可以穿这件衣服去哪儿了！”我机械地说着，同时告诉自己要露出微笑。

但在内心深处，我感到愤怒和难受。

——珍妮·波特（Janie Porter）

我们都很欣赏和钦佩自己的伴侣，却不知该如何表达这些情感。由艾米·戈登（Amie Gordon）带领的心理学家团队最近发现，我们更倾向于在心里默默地欣赏着我们的配偶，却不太会向他们表达我们的欣赏之情。[1] 当然，可能你最近跟配偶说过“我爱你”，但这或许只是电话结束时的例行表达。你上一次以“我爱你，因为……”开头说话是在什么时候呢？我们可能会回避这种亲密的表达，因为我们觉得自己太忙、太害羞、太过不善言辞，或者太担心时机是否合适。我们可能害怕听到对方说：“亲爱的，这很好，但我们能不能先想想明天孩子们该怎样去参加棒球和体操活动呢？”当然，我们也可能会做出一个危险的假设，认为配偶已经很清楚我们欣赏他或她的原因了。不管是什么原因，我们常常会让表达欣赏和钦佩之情的机会从身边溜走。

即使直接口头表达爱意的机会有限，亲密关系中仍然存在许多间接的、非言语的机会，让伴侣能表达出自己的感受以及对彼此的了解。这里所说的机会，就是赠送礼物。我们送给伴侣的每一份礼物，都能让对方知道自己是被“看见”或被理解的。在一段平凡的婚姻中，我们一直在传递这类信息。例如，如果你是一位已婚人士，每年你都可能至少要应对以下 5 个需要赠送礼物的场合：你配偶的生日、结婚纪念日、情人节、母亲节 / 父亲节以及圣诞节等。如果其中的两个场合出现重叠，情况就会变得有些复杂。一些关系专家建议采用更广泛的送礼方式，即送礼时机不局限于那些明显的特殊场合。广受欢迎的《爱的五种语言》（*5 Love Languages*）系列书籍的作者盖瑞·查普曼（Gary Chapman）给出了一些建议。在他看来，如果你配偶的“爱的语言”是“接受礼物”，那么：

> 我们都听过《圣诞节的 12 天》（*The 12 Days of Christmas*）[①]。那么，在你配偶生日或结婚纪念日的时候，送上“12 天的礼物”怎么样？

这听起来有点让人“压力山大”。一想到要挑选那么多礼物，我就担心最终选到的东西会让人失望。看起来，这可能有点神经质，但我觉得这种担心是合理的。这是因为，行为科学中有一个基本原则，叫作损失厌恶（loss aversion）。简单来说就是，坏结果产生的心理影响比好结果的更强。对于我们这些喜欢玩 Twitter 的人来说，失去一个粉丝的痛苦似乎比获得一个新粉丝的喜悦更强烈。同样，在婚姻中，负面互动（如争吵、批评）通常比正面互动（如妥协、拥抱）更能影响到关系满意度。说到礼物，**一份精心挑选的礼物所带来的欣喜很可能**

① 这是一首经典的圣诞颂歌。——编者注

会被一份糟糕礼物所引发的失望情绪所掩盖。糟糕礼物带来的不快感会久久挥之不去。

一份礼物之所以会很“糟糕”，或许是因为：它是个不合时宜的玩笑礼物，它的维护成本太高，或者它过于实用了，比如一个新的熨衣板。营销人员还在不遗余力地向市场推出大量糟糕的礼物。有些品牌似乎在暗示（我认为这是误导），他们的“定制化”礼物是一种高效且完美的替代品，能让你不必为挑选礼物而烦恼。例如，Things Remembered 提供的一款周年纪念礼物是一个售价 40 美元的鼠标垫，你可以在上面印上伴侣的名字。[2] 这样至少还能让你的伴侣知道，你没有拖到最后一刻才随便买个东西。品牌潘多拉主打的也是定制化，在那里，你可以给伴侣买个与其兴趣相匹配的吊坠，如艺术家调色板造型的吊坠或电动汽车造型的吊坠。我认为，这些吊坠在一些非浪漫场合，比如父母送给孩子时，可能还不错，但作为浪漫礼物……我觉得《周六夜现场》（*Saturday Night Live*）脱口秀在 2017 年的一个恶搞广告中精准地概括了这种情况：

> 在潘多拉，我们会抓住你妻子的一个小细节，然后把它变成珠宝。实际上，只要是个名词，就能做成吊坠。潘多拉吊坠说出了你最想对她说的话，比如，“我知道你是做什么工作的，你是个护士”，或者是

“你喜欢喝酒”。

最糟糕的礼物是那些能体现出你不懂伴侣的礼物。著名的关系研究专家约翰·戈特曼（John Gottman）[①]和朱莉·戈特曼（Julie Gottman）认为，亲密关系要求伴侣为对方绘制并不断更新“爱情地图”，他们将其定义为“一个人为对方的内心世界绘制的路线图”。拥有详细的爱情地图的人清楚当下什么能让伴侣快乐，懂得他们的期待，以及困扰他们的是什么。选择难以解释的礼物可能会造成或加剧你并不了解对方的印象。对于收到礼物的人而言，那种感觉可不好受。

在本章中，我们想帮你利用送礼的机会，让你的伴侣感受到被欣赏、被理解和被爱。为了成功做到这一点，你需要走出平时挑选礼物时的那种很随意的舒适区。例如，如果你通常只会直接询问恋人想要什么礼物，我劝你以后少这样做。你可以问一些其他问题，这些问题能帮你更深入地了解你的伴侣。更好的礼物应该是这些交流后的令人愉悦的附加结果。有时，一份很棒的礼物需要送礼者做出某种牺牲。礼物的接受者需要意

① 约翰·戈特曼是享誉世界的婚恋关系、人际关系研究专家，被誉为“婚姻教皇”，其作品《爱的博弈》《幸福婚姻的 10 大敌人》《幸福的婚姻》均已由湛庐引进、浙江科学技术出版社出版。——编者注

识到，这份礼物对送礼者来说，挑选或拿到手的过程并非易事。存钱罐和购物车在送礼时需要以不同的方式展现出这种牺牲。

为什么不能直接询问伴侣想要什么

近年来，许多行为科学家都在倡导“直接询问”的送礼方式。例如，《今日心理学》（*Psychology Today*）最近发表的一篇文章就给出了如下建议：

> 如果你想在节日季让你的伴侣、朋友或父母惊喜不已，一个明智的策略就是直接问他们想要什么，然后买给他们。他们一定会喜欢的！

这类建议的灵感通常源自弗朗西斯卡·吉诺（Francesca Gino）和弗兰克·弗林（Frank Flynn）在2011年发表的一篇文章。

金钱心理学实验室
TIGHTWADS AND SPENDTHRIFTS

在一项研究中，研究人员让处于恋爱关系中的参与者想象自己的生日即将来临。在一天晚上和伴侣共进晚餐时，他们得知伴侣还没有给他

> 们买礼物，于是，他们列出了一份可能还不错的礼物清单。最后，研究人员让他们想象一下，伴侣是给他们买了清单中的礼物，还是清单外的礼物。正如你可能会想到的那样，当他们想到伴侣无视了这份清单时，收礼者的感激之情就会减少。我们希望被伴侣“重视”，很难想象还会有什么能比伴侣忽视了我们明确表达的愿望更让人觉得自己不被“重视”了。尤其是当我们精心列出这些愿望，就是为了不让伴侣为买什么而发愁时，这种感觉会更强烈。

不过要注意，这项研究并不一定是说，无论我们在何种场合，我们都应直接询问伴侣希望得到什么礼物。在吉诺和弗林的研究中，那份礼物清单是收礼者主动提供的。主动索要礼物可能会给整个送礼体验蒙上一层阴影。之所以会直接索要，也许是因为此刻离特殊场合实在是太近了（比如你在 2 月 13 日才询问对方情人节想要什么礼物）。当然，你或许能最终找到对方想要的东西，但询问的时间点暗示出你在准备礼物时并不上心。另外，你的询问措辞有时会让人觉得你把送礼视为一种负担，比如：

（长叹一声）……好吧，我猜你的生日就快到了。

去年我送你的东西你不太喜欢，所以你能不能直接告诉我，今年该给你买什么？

这种问法，浪漫就无从谈起了。需要注意的是，吉诺和弗林的研究结果表明，相较于被忽视，我们更看重的是是否收到了自己想要的东西。所以，没错，如果你的伴侣给你提供了一份礼物清单，那么一定要尽量从清单中选一样。然而，当收礼者无须言明就能收到自己喜欢的礼物时，他们才会最开心、最感激。著名的消费者研究专家拉塞尔·贝尔克（Russell Belk）认为，“索要礼物会让礼物失去价值”。心理学家朱迪思·卡茨（Judith Katz）指出，如果我们只是收到了一件自己索要的礼物，我们只能“推断出对方有取悦自己的意愿，但这并非爱意”。所以，惊喜至关重要。如果不是这样，我们就不需要包装纸了。

为你的送礼方式增添一些惊喜效果的方法是：在一些不太特殊的场合偶尔送些礼物（比如某个普通的周五）。按照定义，非特殊场合赠送的礼物本身就自带惊喜。因为收礼者不会期待能在非特殊场合收到礼物，所以即使是一份小礼物，也有可能让他们很开心。也就是说，对于这份令人惊喜的礼物，不存在因未达预期而失望的情况。我们有很多方法可以做到这一点。你可以等待灵感来袭（在你有冲动时去买礼物）。如果你想采取更有条理的方式，你也可以使用“雅普提醒”（Yapp Reminders）或“随机提醒我”（Randomly RemindMe）等应用程序来定时提醒自己，促使你考虑给伴侣准备一份惊喜礼物。

如何挑选更好的礼物

如果我们不能直接询问伴侣想要什么，那么我们怎样才能知道可以送些什么呢？传统的建议是，要善于留意伴侣日常话语中能表明其喜好的内容。例如，《爱的五种语言》一书作者盖瑞・查普曼就给出了这样的指导：

> 准备一个“礼物创意笔记本”。每当听到配偶说“我真的很喜欢那个”或“哦，我真的很想要一个那样的东西”时，就把它记在笔记本上……仔细倾听，你会得到一长串清单。

我很认同像“想要挑选出很棒的礼物，你得认真倾听”这样的观点，但我还想提出一种更加积极主动的方法。如果你想送出更好的礼物，就需要更深入地了解你的伴侣。你需要知道他 / 她最近在担心什么，他 / 她对什么感到兴奋，他 / 她希望实现什么目标，以及什么能激发出他 / 她的好奇心。你需要深入了解他 / 她的内心世界。

我想推荐一种能让你实现这种理解的方法，它源自心理学家阿瑟 · 阿伦（Arthur Aron）和伊莱恩 · 阿伦（Elaine Aron）夫妇及其同事设计的一项练习。2015 年《纽约时报》上刊登的一篇很受欢迎的文章使这项练习变得广为人知，它就是被称为“增进亲密感的 36 个问题”。伴侣双方会拿到一份列有 36 个问题的清单，然后开始轮流提问，这些问题的设计旨在营造研究人员所说的“持续的、逐步深入的、相互的、个性化的自我表露”。尽管研究人员设计这份清单的初衷是想让两个陌生人之间产生亲近感，但后续的研究表明，它也能帮助已经在一起的夫妻巩固他们的婚姻关系。

我已将 36 个问题附在了附录中，想要完成这些问题，你得给自己留出一些时间。它们可不是在伴着孩童喧闹的家庭晚餐上就能草草完成的，这更像是一个约会之夜的活动。回答这些问题，一开始你会感到轻松愉快，因为问题无非是“若能在世界上挑选任何人，你希望和谁共进晚餐”一类；但不知不觉间，你就会进入相当私密的话题领域，问题也随之变成了“你上一次在别人面前哭泣是什么时候？最后一次独自哭泣又是什么时候”这一类。

我想强调，这份问卷最初并非为改善伴侣关系中的礼物赠送而设计。这一点，最初的研究人员很难想到。然而其中有几个问题可能在暗示我们需要送出增进情感的礼物。如果你和伴侣已经相处了一段时间，可能会认为，自己已经足够了解伴侣了，但我保证，你至少可以重新审视一下这些认知是否准确。

牺牲的重要性

当有人送我们礼物时，我们回应的不仅仅是对这份礼物，更是对这个人送这份礼物的行为。例如，一个孩子在攒了一年的零花钱后，他向慈善机构捐赠了 50 美元。他的这 50 美元看起来要比亚马逊向慈善机构捐赠的 50 美元慷慨得多。慷慨与否往往是基于我们对捐赠者的了解来评判的。

对购物车来说，想要通过赠送礼物来表达爱意似乎有些困难。这是因为，购物车的伴侣可能已经习惯了他们在自己身上随意花钱的行为。如果购物车给伴侣买了一份昂贵的礼物，尤其是那种广受喜爱的东西，如一台新的 iPad，这固然很好，但他们的伴侣知道，这对购物车来说算不上什么大事。他们经常做这样的事，也许就在上周，他们还给自己买了一部新的 iPhone，尽管他们现有的那部手机似乎还很好用。购物车送出的一份昂贵但并无新意的礼物是否能有效地传达爱意？对此我表示怀疑。

但如果送礼者是存钱罐，情况则截然不同。如果存钱罐伴侣给我们买了件昂贵的礼物，我猜，这对他们来说，一定是很痛苦的。[3]从心理层面来讲，他们为了能让我们高兴，自己甘愿承受不适。如果这都不算爱意的表达，那我真不知道什么才算。[4]这一见解体现在盖瑞·查普曼的《爱的五种语言》测试中。我对这个测试实际衡量的内容有一些疑问，但我很想听听受访者就以下表述所做出的回答：

> 我的伴侣为我做了一些我知道他/她并不是特别喜欢做的事。

我很想告诉你，人们通常会如何回应这个表述，但遗憾的是，关于哪个答案是“爱的语言”测试中最典型的回答，并没有太多公开的可靠数据。朱迪思·卡茨认为，牺牲是表达爱意的一种重要方式：

> 如果我的伴侣在我想打网球时，也想打网球，这很好，我很幸运，但这并不能说明我的伴侣是否爱我。这里缺少了某种东西——牺牲。如果我知道我的

> 伴侣更喜欢读书，可他还是提议去打网球，那么此刻，打网球的提议就是一种爱的表现。如果我的伴侣没有什么比打网球更想做的事，那么打网球就完全不能反映出伴侣对我的感情。

购物车怎样才能有效地表明，他们在准备礼物时也做出了某种牺牲？一份昂贵的礼物需要在金钱上做出牺牲，但对于购物车来说，此刻心理上的牺牲想必是极小的。因此，去做一些需要花费大量时间而非大量金钱的事情是个很好的选择。这可能包括亲手制作某些东西或精心策划某些活动，比如一次浪漫的野餐或周末度假，或者是其他需要筹备的共享体验。**无论你怎么做，关键是要表明，自己已经走出了众所周知的舒适区，且为伴侣创造了一些特别的东西。**

送伴侣想收的，而不是你想送的

我想分享一个故事，它深刻地说明了当你忽视本章所阐述的原则时会发生什么。那是 2010 年的圣诞节，我和朱莉结婚刚满一年。从朱莉当时的品位来看，很明显，我应该给她买个凯特 · 丝蓓（Kate Spade）品牌的东西，因为朱莉有好几件日常用品，比如一个有趣的手提包、一个时尚的钱包，都是凯特·丝蓓的，我觉得，一个新手袋会是她那个系列的不错补充。当时，有几款高雅且价格合理的手袋可供选择，它们看起来比朱莉已有的手袋都更精致。其中任何一款都会是一份不错的礼物。虽然算不上惊艳，但绝对是一份得体的礼物。

可惜，我那爱挥霍的习惯没能让我意识到这一点。相反，我的目光最终被那款镶满了亮片的金色的伊曼纽尔（Emanuelle）手拿包深深吸引。它的容量大约只有其他手袋的一半，价格却是其他手袋的2倍左右，而且，它和朱莉拥有的任何手袋都毫无相似之处。但它实在是太时髦了。我挑选的时尚单品往往比朱莉的更张扬，所以，我自然对这类商品很心动。我很喜欢听到别人夸赞我那双亮黄色的鬼冢虎运动鞋。李小龙在《死亡游戏》（*Game of Death*）中穿过这款鞋，乌玛·瑟曼（Uma Thurman）在《杀死比尔》（*Kill Bill*）中也穿过。因此，我当时肯定是从自己那种追求华丽、花钱毫不在乎的视角来看待这个手拿包的，心想，朱莉肯定会欣然接受这种与她一贯风格截然不同的新物件的，对吧？

我们在匹兹堡和朱莉的父亲及哥哥一起度过了圣诞节的那个早晨。我觉得，他们俩应该都不会介意我这么说：他们和朱莉一样，在时尚品位方面，都过于低调。如果你看过精彩的网剧《匹兹堡老爸》（*Pittsburgh Dad*），你就能大致了解这个家平常的氛围了。我满心期待地看着朱莉打开了礼物，可当时众人一片沉默，那画面至今仍让我难以释怀。很明显，我的礼物搞砸了。在新年时，那个手拿包已经被退回到货架上了。

事后回想起来，很容易就能看出问题出在了哪里。我们都希望被伴侣“珍视”和“了解”，但这份礼物却传达了相反的信息。那个手拿包显然很贵，但朱莉经常会看到我在自己身上大手大脚地花钱，所以这也就没什么特别的了。她知道，对我来说，花大价钱买东西在心理上并不会产生多大的牺牲之感。那么，理想的礼物应该是什么呢？我不确定，但如果一切可以重来，我会为我们俩安排一次惊喜之旅，去她一直想去的地方。那依然会是一份昂贵的礼物，但至少花时间去策划这件事会是一种有意义的牺牲。当时，我并没有因主动策划了很多有趣的旅行而为人所知。昂贵的礼物不一定不好：一份经过深思熟虑的昂贵礼物可以极大地增进感情。但一份考虑不周的昂贵礼物则可能弊大于利，尤其是当它由一个爱挥霍的人送出时。

送出更好礼物的 4 个建议

我在本章中穿插地给出了一些建议，我认为，最好对所有内容进行一下回顾。以下是我关于在亲密关系中送出更好礼物的 4 个建议：

- **尽量避免直接询问伴侣希望得到什么礼物。**询问的时机和措辞可能会伤害到伴侣的感情。此外，如果你只是出去买来对方要求的礼物，你就错过了一次传达你很懂伴侣的机会。**然而，如果你的伴侣主动提出想要某件礼物，那就尽量满足。**如果经济条件允许，再送一份“额外的”（非对方要求的）礼物。
- **使用“雅普提醒”或“随机提醒我”等应用程序来定时提醒自己，促使你考虑给伴侣送上一份惊喜礼物。**你可以从每年设置 6 个提醒开始，看看效果如何。当然，经济紧张时，你也可以忽略一些提醒。但不要全部忽略，惊喜对于维持良好的亲密关系至关重要。
- **通过更深入地了解伴侣来送出更好的礼物。送礼的场合是让伴侣感到被重视、被理解和被欣赏的重要时机。**如果你想给伴侣送上更好的礼物，就需要了解他 / 她的喜好和需求。他 / 她现在对什么感到兴奋？他 / 她在担心什么？是什么激发了他 / 她的好奇心？尝试回答一下附录中由阿瑟・阿伦、伊莱恩・阿伦及其同事设计的增进亲密感的 36 个问题，这会是一个不错的开始。

- **送出有牺牲意义的礼物。**为伴侣做出牺牲是表达我们有多爱他们的重要方式。不同的送礼者需要根据收礼者对自己的看法，以不同的方式展现牺牲。例如，如果你的伴侣知道你通常很不喜欢花钱，那么一份昂贵的礼物就是展示牺牲的绝佳方式。如果大家都知道你总是送一些简单易得的礼物（如你知道伴侣喜欢某个服装品牌，所以每年都会送该品牌的新品），那么在这种情况下，试着送一份需要花费一定时间和精力的礼物将是个不错的选择。比如，你可以去寻找一件伴侣最喜欢的乐队的珍贵纪念品，你也可以安排一次短暂的浪漫旅行。不管送什么，你只需要表明自己已经走出了以往送礼时的那种轻松、随意的舒适区就好。

做好收到糟糕礼物的准备

本章大部分的内容都聚焦于赠送礼物，但我想简单谈谈我们作为礼物接收者的那些时刻。最近，很多科学家都会在实验室里张贴一张海报，然后会在社交媒体上发布张贴海报后的照片。在海报上，通常会写着这样一句话："在这个实验室里，错误是被预期、被尊重、被审视、被纠正的。"这是人们对待科学的一种健康态度，在处理人际关系上同样适用。无论赠送礼物者的出发点有多好，送错礼物的情况还是会时有发生。工作让我们忙得不可开交，以至于没有给自己留出足够的时间去挑选合适的礼物。那些或吝啬或挥霍的思维模式会让我们对本会大受欢迎的礼物产生怀疑。此外，有时我们还会听从营销人员的糟糕建议。例如，如果你有幸和伴侣携手走过了 53 年的婚姻岁月，你知道贺曼公司推荐的礼物主题是什么吗？塑料。他们可能会对你说："你知道大家总提到的那家店吧？送他们一张那家店的礼品卡。"我知道，给出这一建议，预算是一个考量因素，但不知怎的，我总觉得一张塔吉特礼品卡似乎不太适合如此重大的场合。

所以，正如老话所说，请尽量记住："心意最重要"。我希望本章的内容能让送礼者明白这一点，通过送礼，最终使伴侣之间的关系变得更加亲密。

第 8 章

存钱罐和购物车的孩子最终会怎样

存钱罐

- 在育儿观念方面，会担心孩子被“宠坏”
- 在体验型消费方面（如度假）会尽可能降低支出
- 养育出的孩子在成年后可能会进行报复性消费

购物车

- 在育儿观念方面，会担心孩子因节俭被“排挤”
- 在体验型消费方面（如度假）会倾其所有
- 养育出的孩子可能会因物质依赖失去内在动力

安德鲁·克拉克：我的天呐，我们会变得像我们的父母那样吗?

克莱尔·斯坦迪什：我不会……永远不会。

艾莉森·雷诺兹：这是不可避免的，事情就是这样。

——《早餐俱乐部》(*The Breakfast Club*，1985 年)

当我在《我能行》中读到小萨米·戴维斯的那些挥霍无度的片段时，我不禁想知道，他的孩子们长大后，在对待金钱的态度上，会不会也和他一样。我无法想象戴维斯会培养出极度节俭的孩子，但我也不想妄加揣测。幸运的是，他的女儿特蕾西(Tracey)写了两本关于和戴维斯一起成长的书，书中勾勒出了一幅相当清晰的成长图谱。特蕾西讲述的很多小时候的故事都让我觉得："没错，这听起来就是戴维斯会做的事。"比如，特蕾西告诉读者："爸爸给我们的礼物要么是钱，要么就是一件无比沉重、俗丽得根本没法戴的珠宝，它似乎在冲着你尖叫。”但直到特蕾西谈到她青春期晚期和成年早期，她对消费和储蓄的态度才逐渐清晰起来。果然，有其父必有其女。她经常把自己的预算支出称作“烧钱”。[1]下面是她和父亲去摩纳哥公国的蒙特卡洛（Monte Carlo）旅行时的一个典型故事：

> 在我们逗留期间，父亲心情好极了……他带我去购物，给自己买了一个价格不菲的路易威登鞋箱，里面大概能装8双鞋。他会给我钱，这样我就可以去爱马仕以及任何我能想到的商店购物。钱花光了，我就告诉店员把账记到酒店，父亲会付钱的！一开始，我还不好意思提他的名字，但后来我已经毫无顾虑了。

如果你是一个节俭的人，却和一个挥霍的人结了婚，看到这个故事，你可能会对配偶说：“看到了吧？这就是你们这类人对孩子施加的影响！”很多父母都会担心，他们的消费决策会对孩子造成长期伤害，比如宠坏孩子，为孩子成年后做出糟糕的财务决策埋下隐患。这些担忧在由存钱罐和购物车组成的家庭中可能会格外突出。当只有夫妻两人时，节俭的一方或许还能容忍配偶看似放纵的消费行为，但当这些消费是花在了一个易受影响的孩子身上时，节俭的一方可能就没那么宽容了。

我的孩子亨利、威尔和查理都不到10岁，和他们一起购物时，我经常会陷入很麻烦的境地。他们都明白，开口向我要东西基本上没什么代价。毕竟，最糟糕的情况又能怎样——爸爸说不？他们常常会磨得我没了耐心，不得不给他们买点小玩意儿。一回到家，他们就迫不及待地向妈妈汇报这次“战果”。朱莉经常认为，我总是对他们的要求有求必应。我忍不住会想：“我拒绝了 1 000 次，难道就没人夸夸我吗？”我知道，这个想法站不住脚，这就好比一个小偷因为没去光顾某些人家而希望得到表扬一样毫无道理，所以我把这种想法藏在了心里。

反过来说也是如此。购物车也可能会对存钱罐的育儿方式感到恼火。例如，如果购物车认为自己的伴侣在不必要的方面剥夺了孩子的乐趣（至少是那种可以花钱买到的乐趣），他们很可能会感到厌烦。成年后的生活会很艰难的，我们至少要让孩子们享受一下童年时光吧？当孩子步入青春期后，挥霍型的父母可能会特别担心节制消费所带来的社交成本。名牌服装本身并不能让你的孩子快乐或被社会接纳。但很多孩子会因没穿“得体”的衣服而被欺负或排挤。从购物车的角度来看，给孩子买更好的衣服并非放纵，而是对他们心理健康的一种投资。没错，孩子们仍然可能因许多父母花钱也解决不了的事情而被欺负或排挤，但如果可以的话，尽量减少焦虑源，难道不是一件好事吗？我认为《青春期关键对话》（*Fourteen Talks by Age*

Fourteen）的作者米歇尔·伊卡德（Michelle Icard）对这个问题的看法是正确的：

> 尽管我认为让孩子体验不适并学会应对这种不适，从成长的角度来说很重要，但几件恰到好处的名牌商品可以缓解青少年坎坷的社交之路……如果名牌没有滋长出虚荣和攀比之心，它就能为孩子的正常成长打下坚实的基础。对青少年来说，穿名牌服装很重要。我不建议你给孩子买你能买到的每一个流行且昂贵的品牌，但如果你有能力，买两件流行品牌的商品可以让你的孩子感到自在一些。

在接下来的内容中，我将提供一些指导，引导父母做出更加明智的消费决策。但在此之前，我想先探究一下孩子们从父母那里习得金钱观念的诸多方式。

“照我说的做，别照我做的做”

想想看，孩子们在童年时期会观察到父母做出各种各样的消费决策。他们会留意，我们心甘情愿地给他们买的东西是什么，在压力之下给他们买的东西又是什么（比如我们为了平息孩子们在超市里的哭闹而匆忙扔进购物车里的玩具卡片)。当我们没有买他们想要的东西(而兄弟姐妹最近得到了他们想要的东西)时，他们对此肯定会印象深刻。他们经常看到父母为自己以及为彼此购买东西。对于我们没有施舍给街头的流浪汉钱财这件事，他们会产生一些困惑。在《反溺爱》(*The Opposite of Spoiled*)一书中，个人理财专栏作家罗恩·利伯(Ron Lieber)提到，他学会了要在某些时刻变得慷慨一些，至少当他的孩子们看着他的时候是这样的：

> 我以前不会施舍给街上向我要钱的人，但我在《纽约时报》网站上发表的一篇博客文章下的一条评论让我陷入了思考。那位评论者说："我真的不在乎他们拿这钱去做什么，也不在乎他们是不是在骗我或者怎样。我真正在乎的是教会我儿子，对他人要有同情心和同理心。这点零钱花得很值。"现在，如果我和女儿在一起，有人向我们求助，我会直视对方的眼睛，说声'祝你好运'，然后递上一点钱。

但仅仅依靠观察，孩子们会产生许多疑问。比如，小孩子可能不知该如何理解父母通过快速刷卡、插卡或轻触塑料卡片就能"支付"商品这件事。正如美国联邦存款保险公司(FDIC)所指出的那样，孩子们可能会认为，那张卡片很神奇，会“源源不断地提供免费的钱”。对此，一个不太方便的解决办法是，和孩子一起购物时，尽量使用现金支付。孩子们还可能认为，他们的父母之所以会购买那个棕色沙发，是因为全家人当时都在 Pottery Barn 家居店，但家里那些来历不明的物品呢？那个他们从未用过的银质托盘是父母买的吗？还是别人送的礼物？也许是继承来的？希望不是偷来的。

孩子们不仅会通过观察父母的行为来学习，还会通过与父母交谈（以及无意中听到父母的谈话）来学习。在这方面，我们可以看看自己是否向孩子传递出了相互矛盾的信息。例如，那位苹果一发布了最新款产品，就会迫不及待给自己买下的父亲，可能也曾告诉过孩子们，不要急着用刚从奶奶那里得到的礼品卡（尽管随着时间的推移，通货膨胀会让那张礼品卡贬值）。这种“照我说的做，别照我做的做”的脱节现象在育儿过程中很常见。例如，芭芭拉·莫瑞吉欧（Barbara Morrongiello）及其同事在 2008 年的一项研究表明，如果全家去海滩旅行，我们很有可能会告诉孩子涂防晒霜有多重要，但自己却不涂。我自己也会一边刷着手机，一边告诉孩子们该放下电子设备了。

可以想象得到，这种脱节现象在由存钱罐和购物车组成的父母中尤其常见。因为存钱罐和购物车内心都充满了矛盾：他们都意识到，自己的消费方式并不理想。尽管他们很难改变自己的消费习惯，但他们还是会试图引导孩子避免形成不良的消费习惯。

金钱心理学实验室

TIGHTWADS AND SPENDTHRIFTS

在过去几年里，我一直在研究父母该如何与孩子谈论金钱。这个项目是我与行为科学领域的后起之秀玛格丽特·埃切尔巴格（Margaret Echelbarger）以及发展心理学界堪比总统山一般的具有传奇地位的苏珊·盖尔曼（Susan Gelman）合作开展的。盖尔曼也是埃切尔巴格在密歇根大学的博士生导师，我们就是在那里相识的。我们设计了一套配有插图的日常消费和储蓄场景，供父母和孩子在实验室里讨论。盖尔曼的实验室氛围温馨、有家的感觉，正是开展这类研究所需的理想环境。虽然父母和孩子之前可能并未遇到过这些确切的场景，但我们希望他们能觉得这些场景是合理且熟悉的。例如：

> 露西有 10 美元。她和妈妈在商店里。露西看到几只她很喜欢的泰迪熊。她可以花 5 美元买一只小泰迪熊，或者花 10 美元买一只大泰迪熊。她也可

> 以把 10 美元留着，不买泰迪熊。露西应该怎么做呢？花 5 美元，花 10 美元，还是一分都不花？露西为什么要这么做呢？[2]

我们招募了 208 对亲子组合参与这项研究。每对亲子组合由一位家长（通常是母亲）和这位家长的 5 ～ 10 岁的孩子组成。[3]实验室里配备了一台摄像机，之后，一支才华横溢且富有耐心的研究助理会对这些对话进行转录和编码。父母和孩子被单独留在房间里，他们也知道自己正被拍摄。从视频中可以看出，家长比孩子更在意摄像机的存在。在这种不同寻常的环境下，可能没人能像在平常无人监督的日常生活中那样畅所欲言。然而，要想大致了解这些对话在实验室之外是如何展开的，这样的流程是很有必要的。

我们要求家长大声朗读每个场景，然后让孩子主导对话。通常情况下，对于孩子在某个特定场景中建议的任何行为，家长都会表示认同（如说句“好的，这似乎很合理”），然后会让孩子详细阐述一下为什么他们认为这种行为是最佳选择。在泰迪熊的场景中，建议花 5 美元买小泰迪

> 熊是孩子以及表达了自己观点的家长最为普遍的选择。这与许多关于“妥协效应”的研究结果相一致，即当人们没有强烈偏好时，中间选项会格外有吸引力。所以，这并不意外。
>
> 更有意思的是，那些家长与孩子意见相左的情况。有些家长认为，孩子对露西的钱太过随意；另一些家长则觉得，孩子过于保守，没有必要。实验中没出现过孩子认为露西应该把钱都留着，而家长却认为露西应该把钱都花掉的情况。但在某些情况下，家长会觉得孩子可以稍微放开一些手脚。例如，当一个孩子建议露西什么都不花时，家长说：“或者她可以花一半。如果是种特别的体验，有时候花一半也是可以的。”

在消费倾向上，更偏向于挥霍型的家长，比更偏向于节俭型的家长更有可能会对孩子提出的消费建议加以约束。[4] 这是因为挥霍型家长的孩子提出的消费建议特别离谱吗？并非如此。孩子提出的消费建议与家长是节俭型还是挥霍型并无关联。这种模式无疑带有“照我说的做，别照我做的做”的意味。这在预料之中，但要记住其中的一些局限性。此次实验是一种冷静的“认知层面”的亲子互动，没有涉及真正的金钱或玩具。这个假设性的决策甚至都不是关于孩子自己会怎么做，而是关于某个假设的孩子——露西会怎么做。在情绪激动的时刻（当要考虑实际购买行为，孩子或家长“情绪激动”时），家长可能会回归到他们的自然倾向。

尽管如此，现有的证据以及我们对存钱罐和购物车的所有研究都表明，他们很有可能会建议孩子在消费和储蓄方面采取与自己不同的方式。但是，这种看似与实际行为相矛盾的口头指导会奏效吗？经济学家兼社会学家朱丽叶·肖尔（Juliet Schor）坚信，答案是否定的：

> 如果柜子里满是 Manolo Blahnik 品牌的鞋子，却鼓吹自己反对购买昂贵的运动鞋，这是不可信的。在父母喜欢看电视的家庭里，限制孩子看电视要难得多……想要有效地传递价值观，你自己就得身体力行。

让我们重新审视一下前文提到的芭芭拉·莫瑞吉欧及其同事所做的“照我说的做，别照我做的做”的研究。还记得吗？他们发现，父母更倾向于口头强调各种防护行为（如涂抹防晒霜）的重要性，自己却不太会采取实际行动。研究人员让他们的 7 ～ 12 岁的孩子预测自己成年后采取这些防护行为的可能性有多大。你觉得孩子们打算成年后该怎么做？是按照他们父母所建议的去做，还是效仿父母的实际行为？你大概能猜到我要说什么：孩子们打算按照他们平常看到的父母的行为方式去做。在最近的一项研究中，贾斯敏·德耶萨斯（Jasmine DeJesus）、苏珊·盖尔曼及其同事发现，母亲在孩子面前吃什么，比母亲对孩子关于饮食的任何口头指导（如“别吃了”“再吃一口”）更能预测出孩子会吃什么。朱丽叶·肖尔说得有道理。

孩子终将变成父母的样子吗

金钱心理学实验室

TIGHTWADS AND SPENDTHRIFTS

我们的孩子会习得我们节俭或挥霍的习惯吗？几年前，玛格丽特·埃切尔巴格、苏珊·盖尔曼和我，以及另一位心理学家克雷格·史密斯（Craig Smith），开始研究这种可能存在的亲子关联。具体来说，我们为孩子设计了一个“存钱罐－购物车测试表”。我们想了解 5 ～ 10 岁孩子的想法和感受，但成人版“存钱罐－购物车测试表”中那些复杂、微妙的问题并不适合他们。于是，我们给孩子们并排呈现了几对可爱的毛绒生物图片，每个图片都配有一段描述。例如，毛绒生物 A 说：“当我花钱的时候，我通常会感觉良好。”毛绒生物B说：“当我花钱的时候，我通常会感觉不好。”[5]我们大声读出这些描述，然后让孩子们指出“最像你”的那个生物。之后，我们会给他们1美元，并拿出一些小玩具，他们可以选择买或不买。我们在安娜堡动手博物馆（Ann Arbor Hands-On Museum），就225名孩子展开了研究。在孩子参与研究的同时，我们还让156位家长完成了一份调查问卷；其余家长要么忙着照顾更小的孩子，要么正乐得享受片刻宁静。在那份调查问卷中，家长在完成成人版的“存钱罐－购物车测试表”以外，还要评估一下孩子的消费倾向，如“我的孩子即使真的很想买新玩具之类的东西，也会克制自己，不去花钱”。

大多数的孩子都对那个表达出不愿花钱的生物有认同感。也就是说，大多数孩子在测试表中都偏向于节俭的一端。在我们的样本中，年龄最大的那一群10岁孩子尤其如此。孩子的测试表得分与家长对孩子的看法，以及孩子是否花掉那1美元的决定都有显著的相关性。因此，儿童版的“存钱罐－购物车测试表”似乎能捕捉到孩子对消费和储蓄的真实感受。

然而，我们并未发现孩子的“存钱罐－购物

> 车测试表”得分与其家长（通常是母亲）的得分之间存在关联。如果我们的样本中有更多“极端”的家长（在我们的样本中，存钱罐家长和购物车家长的占比异常低），或许就能看到亲子之间的这种关联了。当然，也许出于某种原因，孩子的消费倾向更多地受到了另一位家长（未参与调查问卷的家长）的影响。但我对此表示怀疑。我们的研究并非首个发现父母的决策与年幼孩子的决策之间毫无关联的研究。[6]例如，2017 年阿夫纳·本-内尔（Avner Ben-Ner）及其同事的一项研究发现，父母的慷慨程度（如父母可以将一笔意外之财的一部分捐赠给一位从未谋面的成年人）与他们年幼孩子的慷慨程度（如孩子可以将一张意外得到的贴纸的一部分分享给一个从未见过的孩子）之间没有关联。

并不排除存在这样一种可能，即在“存钱罐-购物车”这一维度上，我们最终会变得更像我们的父母。小孩子很容易模仿父母的一些行为，如饭后再吃一块饼干。因此，父母肥胖是孩子肥胖的一个重要预测因素，这一点不足为奇。但其他容易观察到的行为，如始终支持某个政党[7]、工作压力大时吸烟、购买奢侈的圣诞礼物等，小孩子却不容易模仿。在以后的生活中，一旦机会出现，我们就可能会去实践一些我们小时候所观察到的行为。

金钱心理学实验室
TIGHTWADS AND SPENDTHRIFTS

我们还没有历时几十年的纵向数据可以表明，随着时间的推移，孩子们在“存钱罐－购物车”维度上是否会变得更像他们的父母。但我们从前面说过的《泰晤士报》调查中得到了一些具有启发性的证据。在该调查的一个版本中，我们要求受访者在“存钱罐－购物车”维度上对他们的父母进行评分，共有 5 447 名成年人给出了自己的评分。[8]受访者的年龄从 18 岁到 87 岁不等，我们不知道他们评估的父母是哪个“版本”的，尤其是那些年龄较大的受访者。他们评估的是自己小时候的父母吗？如果他们的父母还在世，他们报告的是父母当下的情况吗？这些问题都不得而知。

但从这些数据中我们看到了两个重要信息。

首先，从统计学上看，成年人的“存钱罐－购物车测试表”得分与他们父母的得分之间存在相关性。[9]我们的父母越挥霍，我们就越有可能成为购物车。这种相关性虽然不大，但意义重大——与本科成绩和毕业后工作表现之间的关系差不多。[10]平均而言，父母的影响力似乎是相同的。[11]

其次，在“存钱罐－购物车”维度上，年长的成年人比年轻的成年人更像他们的父母。[12]最自然的解释是，随着时间的推移，我们会变得更像我们的父母。舞蹈家和编舞家贝丝·康宁（Beth Corning）就认为：“我们都终将成为我们的父母那一类人，而且从来不会断档。”实际上，影响可能是双向的。随着时间的推移，我们的父母也有可能变得更像我们。[13]不管原因是什么，我们最终看到的是，在“存钱罐－购物车”维度上，父母与孩子的表现明显趋同。

最近，《纽约客》的文学评论家詹姆斯·伍德（James Wood）以一种适当的忧郁情绪反思了类似的父母与孩子的趋同现象：

我在30多岁和40多岁时，经历了一个漫长的认识过程，即我无疑是我父母的孩子，我注定要继承他们的许多举止和习惯，而这种慢慢变成他们或变得更像他们的过程，就像罗马人的“致敬与告别”（ave atque vale），既是血脉相连的盟约，亦是悄然作别的序曲。

在物质上吝啬，在体验上挥霍

让我们暂时回到童年的情境。当父母分别是存钱罐与购物车时，他们在与孩子及家庭相关的消费问题上产生分歧时，谁的话更具分量？我的建议虽然未必适用于所有可能出现的分歧情况，但我还是想把它分享给大家。这些建议取决于我们讨论的是在物质上的消费（如购买一个新的软绵绵玩偶），还是在体验上的消费（如开启一次家庭度假）。如前文所述，这种区分并不绝对。例如，一辆山地自行车是一个物品，但它的存在是为了给人们带去更多丰富体验。

当分歧在于物质上的消费时，我建议听从更节俭的那位家长的意见。作为一个挥霍型的家长，光是想到这点都让我痛苦。因为我仍然支持我之前提出的观点，即给青少年买更贵的衣服能让他们在学校感到更自在。但有证据表明，“物质育儿”（用物质商品来表达爱和塑造孩子的行为）是孩子成年后有物质主义倾向的一个重要预测因素。玛莎·里奇斯（Marsha Richins）和兰·查普林（Lan Chaplin）发现，物质主义倾向强的成年人很容易想到，自己的童年充满了有条件的物质奖励（如因为学习成绩好，自己得到了一套新的乐高积木）和无条件的物质奖励（如因为爸爸心情好，自己得到了一套新的乐高积木）。

“物质育儿”的负面影响并非只在我们的孩子长大后才会显现出来。在孩子的童年时期，在物质上的过度消费对他们而言，也很有可能会造成伤害。许多家长可能都经历过这样的讽刺场景：孩子们身处堆积如山的玩具中，却抱怨无聊。这些常常是家长出于一番好意堆起来的玩具，很有可能会让孩子们应接不暇。

金钱心理学实验室
TIGHTWADS AND SPENDTHRIFTS

例如，艾莉西亚·梅茨（Alexia Metz）和她的同事最近面向幼儿展开了一项实验。每个幼儿都参与了两个环节：在一个环节中，幼儿被安置在一个有 4 个玩具的游戏室里；在另一个环节中，他们被安置在一个有 16 个玩具的游戏室里。当孩子们接触到的玩具较少时，他们玩耍的时间更长，方式也更有创意。这项研究表明：至少就幼儿的玩具而言，少即是多。

如果你是行为科学的爱好者，这一发现可能会让你想起“选择过载”效应，即当决策者面对过多选择时，会感到不知所措，且不太愿意选择任何一个选项。然而，现代观点认为，只有当选项未经筛选且难以抉择时，我们才会感到过载。理查德·泰勒就认为：“选择过载不过是对糟糕的选择架构的一种误称。亚马逊上的书对你来说太多吗？”这或许是说，只要玩具是以有条理、有目的的方式分类和整理的（即不是随意堆放的），你的孩子就可以拥有并享受更多玩具。对于那些忍不住给孩子买很多玩具的挥霍型家长来说，这或许是个好消息。

当父母在体验方面的消费上产生分歧时（如今年夏天是在家附近度假，还是选择参加更刺激、花费更高的活动），我通常建议听从挥霍型的那位家长的意见。我想重点谈谈家庭度假，因为我认为这对增进家人之间的感情很重要。在计划度假时，你可能只是希望全家人聚在一起，共度一段美好时光。但阿米特·巴塔查吉（Amit Bhattacharjee）和卡西·莫吉尔纳（Cassie Mogilner）的研究表明，一次普通的度假和一次特别的度假之间的差异，对孩子来说可能真的很重要。换句话说，家长可能无论在哪里都会很开心，但孩子并不一定如此。如果你有能力负担得起一次真正能让孩子兴奋不已的假日生活，我建议你去做。

一次美妙的家庭度假所能带来的好处并不仅限于度假体验本身。还有很多快乐源自对度假的期待和回味。几年前，在计划去奥兰多的家庭旅行前的几个月里，我们的孩子满心欢喜地研究起了乐高乐园和迪士尼世界里的所有景点，以至于成了这方面的小专家。正如《纽约时报》的旅行作家斯蒂芬妮·罗森布鲁姆（Stephanie Rosenbloom）所说："即使你的假期糟糕透顶，也没有什么能夺走你单纯幻想假期时所感受到的快乐。”

度假结束后，你便拥有了可以回味多年的回忆和故事。即便这段经历有一些糟糕的时刻（漫长的车程、孩子的哭闹、恶劣的天气），那也没关系，因为我们很擅长忘掉那些令人不快的细节。我们拍摄的照片和视频会让我们的记忆偏向于积极的一面。正如作家苏珊·桑塔格（Susan Sontag）曾经说过的："从来没有人会说，那多难看啊！我一定要拍张照片。”相反，我们用相机记录下的都是精彩瞬间。一起回忆往事的过程也很美妙，这或许是一次美好的家庭度假所带来的最重要的好处。心理学家杰弗里·迪恩·韦伯斯特（Jeffrey Dean Webster）和玛丽·麦考尔（Mary McCall）认为，一起回忆家庭度假的经历有诸多益处，比如加强情感联系，帮助家庭成员更好地了解自己和彼此。

3 个建议帮孩子与金钱建立健康的关系

你还记得第 2 章里的罗娜·格利克曼吗？她是喜剧演员杰西卡·查芬塑造的角色，也是播客《问问罗娜》的主持人之一。我清楚地记得她和约翰·罗斯·鲍伊（John Ross Bowie）的一段对话，当时鲍伊是《生活大爆炸》（*The Big Bang Theory*）

的主演之一。他们最终聊到了马伊姆·拜力克（Mayim Bialik），她是鲍伊在《生活大爆炸》中合作过的演员。当时拜力克有两个年幼的孩子，并且刚刚写了一本关于育儿建议的书《超越背巾》（*Beyond the Sling*）。罗娜认为，这本书写得有点为时过早，她问道："为什么她不在孩子 30 岁的时候再写这本书呢？到那时我们就知道她的育儿成果如何了。"这是一个合理的批评吗？这让我想起，我总是会对我的工商管理硕士学生说："你不能仅仅通过结果来评判一个决策的好坏。"例如，如果你买了一张强力球彩票并且中了头奖，那么买彩票这个决定就是个好决定吗？从经济学角度来说，不是的，因为这张彩票的预期价值是负的。你只是运气好而已。但我又认为，罗娜似乎确实说到了点子上。[14]

作为一个有年幼孩子的家长，我意识到，就如何帮助孩子在成年后做出健康的财务决策提供建议，这本身就是具有讽刺意味的一件事。显然，对于我的孩子长大后对金钱的看法和感受，我非常乐观，但谁又能知道实际情况会怎样呢！也许等我了解了更多之后，我会在未来为这本书写一个附录。但现有的研究并没有给出一套明确的育儿方法，能确保孩子建立起健康的金钱观。孩子对父母的决策会做出何种反应尚不得而知。正如作家利兹·珀尔在她的回忆录中所说："有些（孩子）延续了他们家人对金钱的态度，有些会做出补偿性反应，另外一些则会反抗。”

尽管如此，我还是会在这一章点明 3 个重要原则，并希望它们能为你在育儿过程中提供一些帮助。

首先，要注意你说的和你做的之间是否存在脱节的情况。如果你不希望孩子染上你挥霍的习惯，但又无法从根本上改变自己的消费方式，那就尽量不要在孩子面前表现得那么挥霍。[15] 至少，要装作花钱给你带来的痛苦比实际的更多。

其次，要明白，关于金钱，即使你的孩子现在还没有形成和你一样的看法和感受，但随着年龄的增长，这种情况可能会改变。这可能是个好消息，也可能是个坏消息，取决于你自己是节俭型还是挥霍型。

最后，在可能的情况下，节俭型和挥霍型的父母不应该在所有与孩子和家庭相关的消费决策上拥有同等的话语权。当你们在讨论物质类消费时，最好让节俭的一方占上风；当你们在讨论体验类消费时，最好让挥霍的一方占上风。

TIGHTWADS AND SPENDTHRIFTS

NAVIGATING THE MONEY MINEFIELD IN REAL RELATIONSHIPS

结语

不为金钱，不为爱情，为了幸福而结婚

存钱罐

- 对幸福的定义：安全储蓄 = 幸福基石
- 对婚姻的核心诉求是“财务稳定 + 风险规避”
- 用“未来会更幸福”的想法来合理化当前的节俭行为

购物车

- 对幸福的定义：即时体验 = 幸福源泉
- 对婚姻的核心诉求是“情感激情 + 生活丰富度”
- 用“花钱买快乐”的想法来掩盖深层焦虑

结　语
不为金钱，不为爱情，为了幸福而结婚

我认为，每个人在自己的一生之中，若有可能，都有权为了爱情而结一次婚。

——简·奥斯汀

18 世纪 90 年代，辩论社团在伦敦风靡一时。社区成员会聚在一起讨论各种各样的问题，比如：“唠叨的妻子和专横的丈夫，哪个更糟糕？”“梦境能预测未来的事件吗？”由于有些话题涉及政治，所以该类辩论社团最终惹恼了当权者。随后，政府便开始进行镇压。但在镇压全面展开之前，一个关于“女性”的辩论社团提出了一个与本书密切相关的问题：“婚姻中，没有金钱的爱情和没有爱情的金钱，哪个更糟糕？”遗憾的是，今天我们已经很难找到这些辩论的文字记录了，也不知道参与者是否得出了一致答案。所以，我们得自己来探讨这个古老的问题了。

如果你在网上寻求相关指引，可能会惊讶于观点的一边

倒。很多人认为，应该为了金钱而结婚。在我撰写本书时，我也在谷歌上进行了一番搜索。搜索结果显示："永远不要为了爱情而结婚"大约是"永远不要为了金钱而结婚"的 4 倍。[1]也许，那些认为应该为了爱情而结婚的人正忙着享受婚姻的幸福，无暇在网上对单身人士进行说教？ 2018 年，美银美林证券（Merrill Edge）的一项调查称："大多数（56%）的美国人表示，比起'神魂颠倒'的爱情（44%），他们更倾向于选择能提供经济保障的伴侣。"这是一项针对约 1 000 名"富裕受访者"（通常拥有六位数的"可投资资产"）的调查，但即便如此，这些回答也很有意思。波士顿大学著名经济学家劳伦斯·科特利科夫（Lawrence Kotlikoff）最近也表示，在其他条件相近的潜在伴侣之间，以金钱作为抉择的依据是明智的：

> 我们人类有能力爱上很多人。把心动的目标锚定在那些能让你过上更优渥生活的人，这没什么可羞愧的。这么说吧：如果两个人在大多数方面都相同，其中一个人的收入是另一个人的 2 倍，那就别掷硬币决定了。选择收入更高的那个，没错，为了金钱而结婚。你不会是第一个使出这一最古老财务手段的人。

这条建议与斯科特·菲茨杰拉德（F. Scott Fitzgerald）所说的一句格言有一定相似之处："不要为了金钱而结婚——去

有钱的地方，然后为了爱情而结婚。”科特利科夫和菲茨杰拉德并不是在建议我们只冲着金钱去结婚，而是说，我们可以把潜在伴侣的财务资源当作一种筛选的手段。如果他们的财力低于某个较高的门槛，那就另寻他人。

对一些现代人来说，这条建议听起来可能过于务实了，让人觉得不太合适。难道结婚的决定不应仅仅基于爱情，而忽略金钱等任何外在因素吗？毕竟，传统的结婚誓言通常强调，无论夫妻双方是“富有还是贫穷”，这段婚姻都应该持续下去。然而，从历史的角度来看，爱情成为结婚的先决条件不过是近现代的事情。几个世纪以来，人们结婚主要是为了积累财富和提升社会地位，或者至少是为了提高生存概率。正如历史学家斯蒂芬妮·库茨（Stephanie Coontz）所说，婚姻更多的是一种“经济和政治交易”。如果在这种务实的婚姻结合中绽放出了爱情之花，那就再好不过了。可要是没有呢？嗯，虽然这话可能不太好听，但在当时那个时代，婚外情常常被视为一种可以接受的解决办法。[2]

我想不出比探讨为了爱情而结婚还是为了金钱而结婚这一问题更好的方式来结束这本书了。我还是想仔细研究一下这两个说法究竟意味着什么。

省下一分钱，就能赢得一个好伴侣吗[3]

说起来容易做起来难，为了金钱而结婚并非易事。首先，你怎么知道一个潜在的伴侣很有钱呢？有时候，这很明显。也许这个人的父母资助了一所商学院，或者大都会艺术博物馆里有一个角落是以他们的名字命名的，又或许这个人把自己高额储蓄余额的截图当作了社交平台 Tinder 上的个人资料照片（这种事情确有发生）。但有时候，情况就没那么明显了。富有并不总是那么光鲜夺目。例如，你可能不会觉得加油站老板或商用设备承包商很有钱，但他们很有可能就是有钱人。

此外，在约会的情境中，收入和财富的信号可能模糊不清。如果你的伴侣带你去了高档餐厅用餐，而且总是用信用卡支付，你根本不知道账单到期时这个人会怎么做。是轻松地全额还清欠款，还是勉强维持生计，每个月只能支付最低还款额？我们很多人都会通过消费来让自己显得比实际更富有，这早已不是什么秘密。《辛普森一家》的粉丝们可能会想起，有一次，玛姬在奥特莱斯购物中心买到了一件打折的香奈儿连衣裙，然后借此打入了上流社会。

如果你自己并不富有，你是否能经常与单身的有钱人进行有意义的互动？正如第 4 章所提到的，我们大部分时间都与社会经济特征相似的人待在一起。《纽约时报》柏林分社社长卡特琳·本霍尔德（Katrin Bennhold）最近指出："过去，医生常和护士结婚。现在变了，医生会和医生结婚。"有钱人也在追求有钱人。这种现实催生了无数针对非有钱人的攻略，教他们如何"钓"到一个有钱的伴侣。20 世纪 90 年代，吉妮·塞尔斯（Ginie Sayles）在一本极具代表性的指南《如何嫁给有钱人：有钱人总要娶谁，为什么不是你？》（*How to Marry the Rich: The Rich Will Marry Someone, Why Not You?*）中提供了很多建议，比如改名字（如果名字太土）、换车（车是你身份的象征）、换住处：

> 在房地产领域，商人的座右铭是"地段，地段，还是地段"。把这句话当作你寻找有钱伴侣的座右铭吧。地段就是一切。我搬到得克萨斯州的达拉斯（我的"灵魂之城"）时，在公园城区的一个四户式公寓楼里租了一间又小又旧的公寓。那是一个老牌富人区。这个公寓既没有洗衣机和烘干机（实际上连安装洗衣机和烘干机的接口都没有），也没有洗碗机——在大多数公寓楼里，这些都是标配。但住在这个公寓里有一个好处，那就是它能让我直接接触到有钱人。

不管你是听从了塞尔斯的建议，还是尝试了其他途径，假设你最终找到了一位财力雄厚的潜在伴侣。那太棒了！但你确定这个人愿意分享自己的财富吗？这个人会把自己挣的、存的或继承的钱当作“我们的钱”吗？我之所以这么问，是因为正如我们在第 5 章中看到的，这种情况不能想当然。很多人看似生活奢华，却手头拮据，因为他们的伴侣认为自己的钱和对方的钱之间有着严格的界限。

但要是一切顺利呢？要是你找到了一个富有的伴侣，而且对方愿意把自己的钱视为共同财产呢？你能指望幸福将随之而来吗？唉，要是真有这么简单就好了！金钱（至少是收入）与幸福之间的关系并不像人们想象得那么直接和简单。丧失经济来源绝对会让你遭受各种人间疾苦和屈辱。可一旦某些基本需求得到了满足，收入的增加还会必然带来幸福感的提升吗？有证据表明，答案是否定的。在美国的样本中，幸福感似乎会随着收入的增加而提升，直到收入从五位数过渡到六位数时。[4] 在那之后，额外的收入似乎并不能带来更多的幸福感。收入从 2.5 万美元增加到 7.5 万美元所带来的幸福感提升，通常要比收入从 12.5 万美元增加到 17.5 万美元时大得多。[5] 正如剧作家理查德·格林伯格（Richard Greenberg）在《终于欢呼》（*Hurrah at Last*）中所观察到的那样：“金钱买不来幸福，但它能把绝望提升到一种美妙的境界！”

为什么更高的收入不能理所应当地带来更多的幸福感呢？心理学家伊丽莎白·邓恩（Elizabeth Dunn）、丹·吉尔伯特（Dan Gilbert）和蒂姆·威尔逊（Tim Wilson）曾提出："如果金钱不能让你快乐，那可能是因为你没有把钱花对地方。"正如我们在整本书中所看到的，很多人"没有把钱花对地方"。对于很多存钱罐而言，从账面上看，他们的经济状况确实不错，但实际上他们并没有从自己的财富中得到享受。只有当你能设法花掉一部分钱时，更高的收入才能让你更幸福。有些购物车把这个建议理解得过于极端，结果把大笔钱财挥霍一空，比如小萨米·戴维斯。简而言之，**可观的收入和财富并不能解决存钱罐或购物车面临的所有问题。**

另一个问题是，对一些人来说，跃入更高的社会阶层可能会带来很多内疚感和不适感。例如，社会学家瑞秋·谢尔曼在她引人入胜的《不安之街：财富的焦虑》（*Uneasy Street: The Anxieties of Affluence*）一书中讲述的奥利维亚和斯科特的故事就是如此。奥利维亚出身于工人阶级家庭，而斯科特则从祖父那里继承了巨额财富。他们有 3 个孩子，住在曼哈顿战前的公寓里，这让他们感觉有些拥挤。于是，他们花 450 万美元在上西区购买并翻新了一套顶层公寓，好让每个人都有更多空间。奥利维亚发现，适应这个新家格外困难：

前房主曾对房屋进行过大规模的翻新，但她觉得那种风格浮夸得让人难以忍受。公寓里“到处都是大理石”，还有其他一些奥利维亚讨厌的美学元素。她说：“我们带着一堆杂物，想要尽最大努力去掉那种威严和华丽。但当我回到家后我会觉得，‘这不是我会过的生活’。因为这无法反映出我对自己的认知，也不是我想成为的样子……”她对住在顶层公寓这件事仍然感到很不自在，以至于要求邮局更改他们的邮寄地址，让地址里包含楼层号，而不是用“PH”（Penthouse 的缩写）这个她觉得“精英又势利”的词。

我们应该为了爱情而结婚吗

在回答这个问题之前，我们应该先思考一下“爱情”的含义。心理学家伊莱恩·哈特菲尔德（Elaine Hatfield）和历史学家理查德·拉普森（Richard Rapson）对两种类型的爱情进行了区分：激情之爱和伴侣之爱。你可以把激情之爱想象成迷恋、相思，或者用更正式的语言说就是，“一种强烈渴望与另一个人结合的状态”。而伴侣之爱则没那么热烈，在哈特菲尔德和拉普森看来，它是“我们对那些与我们生活紧密交织的人所感受到的喜爱与温柔”。

这两种情感的发展速度不同。心理学家乔纳森·海特（Jonathan Haidt）在《象与骑象人》[①] 中提出，激情之爱在一段关系刚开始的时候最为强烈。通常在几周或几个月内就会有明显的减退，如果这段关系能够经受住这个阶段的考验，那么激情之爱通常会在很长一段时间内维持在一个较低且相对稳定的状态。相比之下，伴侣之爱需要时间来培养。但在一段成功的亲密关系中，它会不断发展，最终可能会比激情之爱更加强烈。正如伊莱恩·哈特菲尔德和威廉·沃尔斯特（William Walster）所说："激情之爱是一朵脆弱的花朵，它会随着时间的流逝而枯萎。伴侣之爱则是一棵坚韧的常青树，它会因彼此的接触而茁壮成长。"

你可能很难确定：自己对伴侣的那种温暖的感觉究竟是激情之爱，还是伴侣之爱？抑或是两者兼而有之？你可以通过完成各种测试表来了解自己的感受。例如，为了衡量自己感受到的爱是否是激情之爱，你需要考虑自己对以下表述的认同程度：

① 海特在书中把人类思考了 2 000 多年的问题，归结为 10 个假设，放在科学的天平上一一称重。在他看来，人的心理可分为两半，一半像桀骜不驯的大象，另一半则像理性的骑象人。二者的相互羁绊常常会削弱我们的幸福感。该书中文简体字版已由湛庐引进、浙江科学技术出版社于 2023 年出版。——编者注

“有时候我觉得自己无法控制自己的思绪，总是会不由自主地想起我的伴侣。”

“当我和伴侣的关系出现问题时，我会极度沮丧。”

为了评估自己感受到的爱是否是伴侣之爱，你需要考虑以下类似的表述：

“我觉得几乎所有的事情都可以向我的伴侣倾诉。”

“我发现很容易忽略伴侣的缺点。”

了解了不同类型的爱情之后，我们是否就能说，“为了爱情而结婚”不是个好主意？当然，仅仅基于激情之爱就结婚似乎不是个明智的选择。如果你和你的伴侣一时冲动，把车开进了拉斯维加斯的一家免下车教堂（拉斯维加斯有很多提供快速结婚服务的免下车教堂），这时你就需要意识到，你们即将基于激情之爱而步入婚姻。此时，帮自己一个忙，继续开车前行吧，找点其他有趣的事情做。麦当劳的部分门店仍然提供全天早餐。

但如果基于的是伴侣之爱呢？如果你和你的伴侣有着深厚

的伴侣之爱，是否就应该步入婚姻殿堂了？也许吧，但你们还需要了解更多信息。伴侣之爱是一段成功婚姻必不可少的要素，但仅有它还不够。没错，你们也需要一些激情之爱。不过，很遗憾，仅有爱情是不够的。

你还需要确保婚姻中的财务状况良好。我不是说，你必须找一个有钱或高收入的伴侣。我只是说，你需要做一些预估。你们两人看起来是否能避免财务危机？你伴侣的消费（或者不消费）习惯会把你逼疯吗？你的伴侣会让你为你的消费（或者不消费）习惯而感到难过吗？记住：**在金钱方面是否会发生争执是判断日后是否会离婚的一个重要预测因素。**另外，婚姻中可能出现的财务动态也不容忽视。

那么，结论是什么呢？为了有金钱基础的爱情而结婚？我们应该接近答案了，但还不完全准确。即使在爱情和金钱方面看起来都不错，但还是可能存在其他会让婚姻告吹的因素。例如，你想要几个孩子，但你的伴侣却不想要。没错，人们的想法可能会改变，而心理咨询有助于更全面地帮伴侣双方探讨和明确每个人的愿望与担忧。但如果经过这些努力后，仍然存在着巨大的分歧，那么，维持这段关系还有意义吗？

米歇尔·赫尔曼（Michelle Herman）是 *Slate* 杂志的作家

兼建议专栏作者，她曾分享过一个这类无法调和的分歧故事：

> 31 年前，我和一个我深爱的优秀男人分手了。我们认真交往了 4 年，原本还打算结婚。我们之间的分歧在于，他想要一个大家庭，希望众多孩子能在天主教氛围中长大，且要生活在乡村环境中（具体来说，是农场）。而我是一个彻头彻尾的纽约人，只想要一个孩子，而且一想到要住在农场就觉得可怕。同时，作为一个有着强烈文化认同感的犹太人，我知道自己永远不会皈依天主教。我们对未来设想的差异并不是什么秘密，而且会经常谈论这个问题。有一天晚上，我们坐在一起交谈时，同时有了令人心碎的领悟：我一直坚信，他不可能那么坚持自己的计划，不然他就不会还和我在一起，还和我规划未来；而他也同样坚信，如果我对自己的立场是绝对认真的，就不会还和他在一起。就在那一刻，我们突然都明白，是自己错了。我们当场结束了这段关系，满心遗憾，泪流不止。那是我一生中最悲伤的日子之一。但我们都知道，如果当时不结束，如果我们结了婚，并指望婚后能解决这个问题，届时情况会更糟糕。

在那次分手之后，米歇尔嫁给了一位画家，两人育有一个孩子，他们非常疼爱这个孩子。她的前男友则娶了另一位天主教徒，两人育有六个孩子，他们在农场幸福地生活着。二人都过上了自己想要的生活。

一切都关乎幸福

归根结底，**我给单身人士的建议是为了幸福而结婚。**没错，幸福需要爱情和足够的金钱。同时，还需要相似的兴趣、价值观、规划和梦想。我不是说，这些必须完全一样！那样的话，婚姻听起来就太无趣了。但它们需要足够相似。这听起来要求很高（需要方方面面都满足才行），可在这些方面中，倘若任何一个有所欠缺，都可能让婚姻之路充满坎坷。

那么，单身人士该如何按照这个建议行动呢？第一步很简单，就是让自己置身于有可能遇到与你有相似兴趣、价值观、规划和梦想的潜在伴侣的场合。Meetup、Bumble 等应用程序可以帮到你。此外，你还有一些更特别的选择，比如以《星球大战》为主题的速配活动就很受欢迎。一旦你找到了想法相似的潜在伴侣，你就可以追求那个能让你产生爱情（激情之爱和伴侣之爱）且不会给你带来太多财务困扰的人了。我把斯科特·菲茨杰拉德的建议“去有钱的地方，然后为了爱情而结婚”做了一些修改：“去能找到心灵共鸣的地方，然后为了爱情和金钱而结婚。”不得不承认，我这个版本不那么简洁有力。

这听起来可能有很多需要满足的标准。我当然不是说，在你和某人约会之前，对方就必须满足所有条件！一定要去探索尝试。但如果想要走进婚姻，那就另当别论了。你应该为潜在的配偶设定一个相当高的标准。一段婚姻要想美满，你们需要在很多不同的情境下，能长时间地享受彼此的陪伴才行。正如演员米基·鲁尼（Mickey Rooney）在他第八次结婚时曾建议的那样：“不要陷入那种‘我爱他，但我不喜欢他’的境地。”

所有的改变都是为了更加幸福

本书围绕“改变”展开。一旦你了解了自己的消费习惯，就可以着手重塑它们了。你可以重新调整自己与伴侣处理金钱问题时的方式，以防共同消费行为的退化，避免不必要的冲突。如果你肯花时间去探究家人的内心世界，你就能送出传达爱意、欣赏与理解的礼物，能留意到自己的消费行为对孩子产生了怎样的影响。现在，你已经具备了去做所有这些事情的能力。

写这本书的过程也让我发生了一些变化。比如，我觉得自己没那么爱挥霍了，但这种变化可能并非如你想象得那么大。要知道，购物车通常是指那些实际消费金额超出了自己认为的应消费金额的人。这意味着，要降低挥霍的程度至少有两种方法：一是减少实际消费金额，二是提高应消费金额。我选择了后者。具体来说，我越发坚信，自己应该在度假和其他新奇体验上投入更多。本书分享的一些故事和研究结果让我害怕错过了那些特别的时刻和珍贵的回忆。这种担忧已愈发强烈，因为在我写这本书的时候，我的孩子们成长得太快了，而且生命的脆弱无常也时常会给我敲响警钟。我并非打算忽略必要的节俭。我不会停掉每月给孩子们预存的大学教育储蓄金，也不会提前从退休基金中支取任何款项。但这本书让我意识到，未来充满了不确定。它促使我决定，在对待金钱问题上，我们要更好地抓住当下的幸福机会，而不是一味储蓄，寄希望于日后会派上更好的用场。

我知道，并非每个人在读过这本书后都会有这样的反应。你们中的一些人肯定会决定，日后要多储蓄一些，也许是在某些特定类别上，当然也可能会在方方面面都储蓄一些。这对你来说或许完全合理。无论你做出怎样的决定，我都希望这本书能帮你在财务状况和心理状态之间找到平衡。愿你在人生旅途中一切顺利。

附　录

增进亲密感的 36 个问题

以下是阿瑟·阿伦、爱德华·梅利纳特、伊莱恩·阿伦、罗伯特·瓦洛内和蕾妮·巴托尔于 1997 年编制的增进亲密感的 36 个问题。

如第 7 章所述，这项练习并非为了帮助伴侣给彼此挑选更好的礼物而设计，而是为了增进彼此之间的亲密感。不过，令人欣喜的是，这项练习还产生了一个不错的附带效果，回答以下问题，可能会激发你的灵感，为你提供新的视角，从而帮助你为伴侣创造或挑选出更好的礼物。

为了更好地完成这项练习，你和你的伴侣应在讨论完每个问题的答案后，再进入下一个问题。尽量不要跳过任何问题，务必按顺序进行。每组问题轮流由一方率先回答。例如，对于瑞安和肯尼迪而言，如果瑞安率先回答了第 1 组的每个问题，接下来，将由肯尼迪率先回答第 2 组的每个问题，然后，又轮到瑞安率先回答第 3 组的每个问题。

鉴于这些问题最初是为陌生人设计的，所以某些问题的措辞，尤其是第 3 组中的问题，可能会显得有些奇怪。我认为，最好还是按照问题的原始表述呈现，由你自己决定是否以及如何修改措辞。在最初的研究中，参与者将有 15 分钟时间来完成每组问题。如果 15 分钟内没完成一组中的所有问题，也要直接进入下一组。之所以要这样做，是为了确保参与者有时间处理第 3 组中的一些较为深入的问题。如果你有时间和精力完成所有内容，就无须严格遵循上述时间限制。

第 1 组（较为轻松的问题）

1. 如果你可以邀请世界上的任何一个人共进晚餐，你会选择谁？
2. 你渴望成名吗？你希望以何种方式被人所知？
3. 你是否在打电话之前会预演要说的话？为什么？
4. 对你来说，怎样的一天才算“完美”？
5. 你最后一次独自唱歌是什么时候？最后一次给别人唱歌又是什么时候？
6. 如果你能活到 90 岁，并且能在生命的最后 60

年里保持 30 岁的头脑或身体，你会选择哪一个？

7. 你是否对自己将如何死去有一种隐秘的预感？
8. 说出你和你的伴侣共有的 3 个特点。
9. 在你的生命中，你最感激的是什么？
10. 如果你可以改变自己成长过程中的任何事，你会改变什么？
11. 请花 4 分钟时间，尽可能详细地向你的伴侣讲述你的人生故事。
12. 如果你明天醒来能获得任何一种品质或能力，你希望是什么？

第 2 组（逐渐深入的问题）

1. 如果一个水晶球能告诉你关于你自己、你的生活、你的未来或其他任何事情的真相，你想知道什么？
2. 有没有一件长久以来你一直梦想去做的事情？为什么你还没有去做？
3. 你人生中最伟大的成就是什么？
4. 在一段友谊中，你最看重的是什么？
5. 你最珍贵的记忆是什么？

6. 你最可怕的记忆是什么？
7. 如果你知道一年后自己会突然死去，你会改变现在的生活方式吗？为什么？
8. 友谊对你来说意味着什么？
9. 爱和感情在你的生活中扮演着怎样的角色？
10. 轮流分享伴侣身上的积极特质，总共分享 5 个。
11. 你的家庭关系有多亲密和温暖？你觉得自己的童年比大多数人更幸福吗？
12. 你如何看待自己与母亲的关系？

第 3 组（非常私密的问题）

1. 每人各说 3 个以“我们”开头的真实陈述。例如，“我们俩此刻都在这个房间里，感觉……”
2. 完成这个句子：“我希望能有一个可以和我分享……的人。”
3. 如果你打算和你的伴侣成为亲密的朋友，请分享你认为对方需要了解的重要事情。
4. 告诉你的伴侣，你喜欢他的哪些方面；这次要非常坦诚，说出那些你可能不会对刚认识的人说的话。
5. 和你的伴侣分享你生活中的一个尴尬时刻。

6. 你上一次在别人面前哭泣是什么时候？最后一次独自哭泣又是什么时候？
7. 再次跟你的伴侣说一些你喜欢他的地方。
8. 有没有什么事情是太严肃而不能拿来开玩笑的？
9. 如果你今晚就要离世，且没有机会与任何人交流，你最遗憾没有告诉别人的是什么？为什么还没告诉他们？
10. 你的房子着火了，里面有你所有的财产。在救出你的亲人与宠物后，你还有时间冲进去，安全地抢救出一件物品。你会选择什么？为什么？
11. 在你所有的家人中，谁的离世会让你最不安？为什么？
12. 分享一个私人问题，并询问你的伴侣会如何处理这个问题。同时，让你的伴侣反馈一下自己对你选择的这个问题的感受。

致　谢

这个项目是在多人的助力下才得以完成的。对于他们，我不胜感激。首先，我要衷心感谢我那富有冒险精神、心地善良且善解人意的妻子朱莉。能在生命中拥有她，我真是无比幸运——我们是通过相亲认识的。我一直惊叹于她的那种把握住当下的能力。顺便说一句，我写这段文字的时候，她正在听莉佐（Lizzo）的演唱会。在整个写作过程中，她给予了我至关重要的支持，还对好几章内容提供了宝贵的反馈。

我还要感谢我们三个可爱的儿子，他们为我们的日常生活注入了无尽的活力、幽默和爱。他们希望别人这样描述自己：威尔，6 岁，是“一个真正的蜘蛛侠，能粘在墙上、劈叉，还能在单杠上荡来荡去”；查理，同样 6 岁，是“一个超级英雄，像芝加哥小熊队的克拉克吉祥物那样，能从手中发射棒球”；亨利，9 岁，“有大约 500 个朋友，每周都会交一个新朋友，并计划在商业上取得成功”。

感谢我们的父母，艾琳和乔治，感谢他们一生的爱与支持。他们给我上了关于如何平衡财务状况与心理健康的至关重要的第一课。如前文所述，其中的一些经历，包括去拉斯维加斯的实地旅行，无疑都激发了我对理解消费和储蓄决策的兴趣。我愿意相信，如果父亲还在我们身边，他一定会喜欢这本书的。

我还从祖父母莫莉和埃迪、丽塔和乔治以及我的整个大家庭中得到了温暖和关怀，并受益匪浅。感谢大家。

在职业生涯方面，我首先要感谢的是我的那位极富远见的经纪人玛戈·贝丝·弗莱明（Margo Beth Fleming）。如果没有她的说服、耐心支持以及强大的叙事能力，这本书绝对不会问世。我真的觉得她很有耐心。弗莱明在 2012 年时就试探过我对写书的兴趣，但直到 2020 年我才向她提交了初稿。她为我开启了一个全新的世界，我对她永远心怀感激。我也感谢在布罗克曼公司（Brockman）与我共事的每一个人，感谢他们的支持与慷慨相助。

我同样非常感激出色的编辑迈克尔·弗拉米尼（Michael Flamini），他看到了这个项目的潜力，并愿意给一个初出茅庐的作者一次机会。他让我去追寻并拓展一系列新奇的想法，同时还帮我避免了许多失误，解决了很多前后不连贯的问题。和弗拉米尼交谈也非常愉快，因为他是一个知识渊博、热爱生活的人。我希望有一天能与他见面！我还要特别感谢圣马丁出版社（*St. Martin's Press*）的其他所有支持这个项目的人。

书中所描述的研究是合作完成的，我对我的合著者满怀感激。显然，这份名单首先要从我的博士论文导师、我最为钦佩的学者、无与伦比的乔治·洛温斯坦开始。他是一位对人性有着敏锐洞察力的杰出观察者，在行为科学领域拥有极具创造力的头脑，是一个非常有趣的人。我至今仍不敢相信，自己竟然能成为他的学生。

辛迪·克赖德是最初的那篇关于存钱罐与购物车的论文的亲密合作者，大家都很喜欢她，这理所当然。因为她非常出色，任何事情都能做得很好。说真的，她没有明显的缺点。如果非要挑点毛病的话，那就是，如果你有幸收到她每年的家庭时事通讯，它会让你重新审视自己的人生选择。

在我刚到沃顿商学院求学时，一天下午，在吃完午饭往回走的时候，黛布·斯摩尔（Deb Small）问我，存钱罐和购物车是否会相互吸引。她是第一个提出这个问题的人。与斯摩尔和伊莱·芬克尔一起回答这个问题使我的职业轨迹发生了美妙的转变。所以，谢谢你，斯摩尔！芬克尔拥有众多令人羡慕的才华，真的是独一无二。每次我们见面，他的脑子里总能生出一些深刻的见解和新奇的想法。

我最近正在进行的关于夫妻财务决策的研究，都是与我杰出的学生珍妮·奥尔森合作完成的。奥尔森无所畏惧：她能设计并开展复杂得看似不可能完成的研究。对普通人来说，这些研究实在是太艰巨了。她的那股冲劲，再加上她的创造力、乐观品质和善于质疑的头脑，让她成了业界一颗耀眼的新星。能和她一起工作，我太幸运了。

在我的关于孩子如何形成对消费和储蓄的看法的研究中，玛格丽特·埃切尔巴格和苏珊·盖尔曼是非常出色的合作伙伴。我从她们身上学到了很多，比如关于孩子和父母的心理学知识。我期待，未来能与她们展开更多的合作。我也非常感谢她们就第 8 章内容给出了很多意见。

我还要感谢本书编写过程中参与讨论研究的其他合著者，包括莫蒂·阿玛（Moty Amar）、丹·艾瑞里（Dan Ariely）、沙哈尔·阿亚尔（Shahar Ayal）、乔纳森·科恩（Jonathan Cohen）、布莱恩·克努森、德拉森·普雷莱茨、克雷格·史密斯和艾略特·维默尔（Elliott Wimmer）。

除了上述合著者，我还要感谢几位睿智的学者，这些年来，他们给了我至关重要的建议和指导。这份长长的名单包括乔·阿尔巴（Joe Alba）、阿诺查·阿里巴尔格（Anocha Aribarg）、瑞克·巴戈齐（Rick Bagozzi）、雷吉夫·巴特拉（Rajeev Batra）、凯瑟琳·伯森（Katherine Burson）、罗宾·道斯（Robyn Dawes）、弗雷德·费恩伯格（Fred Feinberg）、埃里克·约翰逊（Eric Johnson）、韦斯·哈钦森（Wes Hutchinson）、阿瑞纳·克里希纳（Aradhna Krishna）、詹妮弗·勒纳（Jennifer Lerner）、约翰·林奇、普尼特·曼钱达（Puneet Manchanda）、斯蒂芬妮·普雷斯顿（Stephanie Preston）、马利斯·施韦泽（Maurice Schweitzer）、斯里兰姆（S. Sriram）、凯瑟琳·沃斯（Kathleen Vohs）、罗伯托·韦伯（Roberto Weber）、纳特·威尔科克斯（Nat Wilcox）、大卫·伍滕（David Wooten）、卡罗琳·尹（Carolyn Yoon）、加尔·佐伯曼（Gal Zauberman）等。感谢密歇根大学的所有同事，他们为我的研究营造了如此激励人心的环境。其中当然包括我以前的博士生——珍妮·奥尔森、比阿特丽斯·佩雷拉（Beatriz Pereira）和蒂芙尼·武（Tiffany Vu），他们极大地丰富了我的思想。

总之，这本书的问世离不开大家的帮助和支持，万分感谢！

注 释

引言 亲密关系中的金钱与幸福课

1. 我们会因为伴侣的花钱方式而感到恼火吗？当然会！不过大多数关于婚姻的研究并未直接探讨这类恼火的情绪对婚姻的影响。see Kanika K. Ahuja and Dhairya Khurana, "Locked-Down Love: A Study of Intimate Relationships Before and After the COVID Lockdown," *Family Relations* 70 (2021): 1350.
2. 当时他正在讨论我和莫蒂·阿玛、丹·艾瑞里、沙哈尔·阿亚尔以及辛迪·克赖德共同撰写的一篇关于债务管理的论文。他并不太喜欢这篇论文，在 2012 年 1 月 10 日的《戴夫·拉姆齐秀》节目中，他称我们为"一群书呆子"。
3. 在 2006 年 1 月 30 日的《今日美国》中，玛丽亚·普恩特（Maria Puente）写道，"有能适配任何电视机的房间吗？随着电视机越来越大，家居设计和夫妻关系均需做出调整"。原来，乔纳森买了一台超大尺寸的电视机，以至于他和妻子艾米丽（Emily）不得不扔掉一些家具。艾米丽对此很不高兴，直到乔纳森给她买了一条钻石项链后，二人才达成和解。

第 1 章 存钱罐的心智大脑

1. 德拉森·普雷莱茨和乔治·洛温斯坦的《红与黑：储蓄与债务的心理账户》（*The Red and the Black: Mental Accounting of Sarings and Debt*）发表在 1998 年的《市场营销科学》（Marketing Science）

第1期的第17卷中的第4～28页。二人早在1995年6月就向《市场营销科学》提交了这篇论文。大约在同一时期，洛温斯坦的一名博士生奥弗·泽勒迈尔（Ofer Zellermayer）正在撰写一篇学位论文《支付之痛》。1996年12月，他将该论文提交至卡内基梅隆大学。这篇未发表的学位论文有时被认为是“支付之痛”这一概念的起源。鉴于洛温斯坦二人的工作论文早于该学位论文（而且该学位论文明确建立在《红与黑：储蓄与债务的心理账户》的基础之上），所以我认为洛温斯坦二人的这篇工作论文才是这一概念的源头。

2. 使用修改后的 SHOP 任务，萨钦·班克（Sachin Banker）及其同事发现，当参与者决定是否用现金购买“高价”产品时，也呈现出类似的模式。Sachin Banker et al., “Neural Mechanisms of Credit Card Spending,” *Scientific Reports* 11, no. 1(2021): 1–11.
3. 金恩智（Eunji Kim）发现，“美国人日常休闲消费中所接触到的媒体范例能有力地扭曲经济认知”。她那引人入胜的研究聚焦于白手起家的故事。Eunji Kim, “Entertaining Beliefs in Economic Mobility,” *American Journal of Political Science,* March 12, 2022.
4. Xfinity Mobile 的“对比”广告推出于2022年3月，主演为贝姬·戈麦斯（Becky G）。
5. 见奈飞文化手册。近期，奈飞虽面临困境，但似乎主要是由于订阅用户大幅流失，而非其费用报销政策所致。

第2章　购物车的心智大脑

1. 丹尼尔·费尔南德斯、约翰·林奇和理查德·内特迈耶（Richard G. Netemeyer）也有类似发现，购物车在“对待金钱的态度”测试表上的得分显著较低，该测试表包含诸如“我会仔细制定财务预算”之类的项目：Daniel Fernandes, John G. Lynch, Jr., and Richard G. Netemeyer, “Financial Literacy, Financial Education, and Downstream Financial Behaviors,” *Management Science* 60, no. 8 (2014): 1861–83.

2. 见我和克赖德、洛温斯坦所做的有关“存钱罐与购物车”的研究。

第 3 章 给存钱罐与购物车的消费建议

1. 引自杰瑞·宋飞 2014 年的克莱奥奖获奖感言。
2. 当然也有例外情况，比如顾客和收银员经过多年反复互动后建立了某种关系。关于一些引人入胜的故事 , see Martin B. Tolich, “Alienating and Liberating Emotions at Work: Supermarket Clerks’ Performance of Customer Service,” *Journal of Contemporary Ethnography* 22, no. 3 (1993): 361–81.
3. 这对于高热量餐食来说尤为明显 . See, for example, Brian Wansink and Pierre Chandon, “Meal Size, Not Body Size, Explains Errors in Estimating the Calorie Content of Meals,” *Annals of Internal Medicine* 145, no. 5 (2006): 326–32.
4. 例如，2021 年 7 月 13 日，据康涅狄格州埃文市（Avon）的 Radiance 医美中心称：“研究表明，和女性一样，男性在求职市场上看起来越年轻，越容易成功，所以你可以把肉毒杆菌注射看作是对自己未来的一种投资。”
5. 例如，温迪·德拉罗莎（Wendy De La Rosa）和斯蒂芬妮·图利（Stephanie Tully）发现，更强的主观财富感会导致更多的自主性消费。Wendy J. De La Rosa and Stephanie M. Tully, “The Impact of Payment Frequency on Consumer Spending and Subjective Wealth Perceptions,” working paper, April 2021.
6. 该研究并非实验性研究（所有参与者都完成了教育项目）。由于没有对照条件，所以无法得知在没有该教育项目的情况下，参与者在后续测试中的表现会如何。
7. 2011 年 6 月，我通过亚马逊土耳其机器人招募了 200 名美国成年人，对其进行了一项调查。参与者完成“存钱罐 - 购物车测试表”测试后，会看到一台 iPad 2 及其相关规格参数（例如，零售价：599 美元；容量：32GB）。我要求他们想象自己拥有这款产品，并给出自己预计最初会从中获得的享受程度：高（编码为 3）、中（编码为 2）、低（编码为 1）。对于那些预计最初享受程度高的参与者，我会进一步询问他们预计这种享受会下降的速度：快速（编码为 2）、缓慢（编码为 1）、根本不会下降（编码为 0）。两个问题的回答选项都配有图表来辅助说明享受程度。最后，我会询问他们："如果有机会购买这款产品并立即拿到手，你会怎么做？"参与者可以回答"是的，我会买"（编码为 1）或"不，我不会买"（编码为 0）。
在分析中，我们排除了 17 名已经拥有 iPad 2 的参与者。结果显示，"存钱罐 - 购物车测试表"得分与预计最初享受程度之间没有显著相关性。在 128 名预计最初享受程度高的参与者中，"存钱罐 - 购物车测试表"得分与预计享受程度下降速度之间有显著相关性。在这一组中，"存钱罐 - 购物车测试表"得分也与假设的购买决策有显著相关性。

8. 如今，一种替代携带独立影像（物品）的现代方式是使用定制信用卡"贴膜"（一种贴在卡上但不影响正常使用的贴纸）。提供个性化银行卡保护套的公司 Cucu Covers 提供多种贴膜，其中包括由泰瑞 · 克鲁斯所扮演的朱利叶斯形象贴膜。

第 4 章　为什么金钱会成为亲密关系的杀手

1. Fritz Heider, *The Psychology of Interpersonal Relations* (Hillsdale, NJ: Lawrence Erlbaum, 1958), 186 页。卡尔 · 荣格（Carl Jung）也有类似观点。正如卢克 · 霍克利（Luke Hockley）所说，荣格的核心观点在于："我们凭直觉识别出自身厌恶的特质，当在别人身上发现这一特质时，便会产生强烈的负面反应。"：Luke Hockley, "Untangling the World Wide Web: Some Jungian Reflections," *Convergence* 6, no. 3 (2000): 11.
2. 在他们对 36 对情侣的样本研究中，克洛南和门德尔松发现，"对自己满意的个体，其伴侣与他们颇为相似；而对自己不满意的个体，其伴侣与他们很少相似或根本不相似"：Eva C. Klohnen

and Gerald A. Mendelsohn, "Partner Selection for Personality Characteristics: A Couple-Centered Approach" *Personality and Social Psychology Bulletin* 24, no. 3 (1998): 268–78.

3. 在《纽约时报》的调查中，我们询问了首批 6 062 名受访者："总体而言，你觉得自己现在有多幸福？"他们需要在 1 分（不幸福）到 7 分（非常幸福）的"存钱罐 - 购物车测试表"上作答。这种单项幸福测试方法的有效性在之前的研究中已有记录。对幸福评分与"存钱罐 - 购物车测试表"分数及其平方进行的二次回归分析表明，这里存在二次关系。同样，乌里·西蒙森（Uri Simonsohn）开发的更为保守的"双线检验法"测试表明，这里存在倒 U 形关系："存钱罐 - 购物车测试表"分值在 4 ～ 15 分之间时，幸福感的平均斜率显著为正；"存钱罐 - 购物车测试表"分值在 15 ～ 26 分之间时，幸福感的平均斜率边际为负。拐点（15）是由双线检验法确定的。Daniel T. Gilbertet al., "Immune Neglect: A Source of Durability Bias in Affective Forecasting," *Journal of Personality and Social Psychology* 75, no. 3(1998): 617–38; Uri Simonsohn, "Two Lines: A Valid Alternative to the Invalid Testing of U-Shaped Relationships with Quadratic Regressions," *Advances in Methods and Practices in Psychological Science* 1, no. 4 (2018): 538–55.

4. 我与斯摩尔和芬克尔在整合了三项研究样本数据后发现，在全部 1 448 对情侣中，有 296 对情侣在"存钱罐 - 购物车"维度上处于两个极端（一个存钱罐和一个购物车、两个存钱罐或两个购物车）上。该样本中不匹配的婚姻比例（N = 173）显著高于 50%。此外，正如本文所报告的，在每项研究中，伴侣双方的"存钱罐 - 购物车测试表"分数之间的相关性均为显著负相关。这表明，在"存钱罐 - 购物车"维度上，存在"异性相吸"的弱显著趋势。

需要指出的是，在研究 1 和研究 3 中，我们只调查了每对情侣中的一方，让他们为自己及其配偶完成"存钱罐 - 购物车测试表"。对于配偶版本的测试表，我们将所有的你都替换为"你的配偶”。在研究 2 中，情侣双方都为自己完成了“存钱罐 - 购物车测试表”，并通过测试表中的问题 4 预估配偶在“存钱罐 - 购物车”维度上的位置。丈夫对妻子的看法以及妻子对丈夫的看法都与他们的伴侣对自己的看法呈正相关。这表明人们能够较为准确地预估出自己配偶在“存钱罐 - 购物车”维度上的位置。正如上文所述，我们发现使用这两种方法得出的配偶间“存钱罐 - 购物车测试表”分数均呈负相关。

我们还可以利用研究 2 的数据，看看使用研究 1 和研究 3 方法时，配偶间的“存钱罐 - 购物车测试表”得分的相关性情况：对于丈夫来说，他们自己的“存钱罐 - 购物车测试表”分数与他们认为妻子在“存钱罐 - 购物车”维度上的位置之间呈显著负相关。对于妻子来说，她们自己的“存钱罐 - 购物车”分数与她们认为丈夫在“存钱罐 - 购物车测试表”维度上的位置之间呈显著负相关。换句话说，使用研究 1 和研究 3 方法，在研究 2 的数据中我们也看到了配偶的“存钱罐 - 购物车测试表”得分的负相关性。

Scott I. Rick, Deborah A. Small, and Eli J. Finkel, “Fatal Attraction: Spendthrifts and Tightwads in Marriage,” *Journal of Marketing Research* 48, no. 2 (2011): 228–37.

5. 我们拥有参与上述研究的 1 448 对情侣中 1 303 对的婚姻时长数据。他们的婚姻时长从不到 1 年到 61 年不等（中位数是 13 年）。配偶间“存钱罐 - 购物车测试表”分数的绝对差值与婚姻时长呈负相关。
6. 2008 年，我邀请 199 名沃顿商学院本科生从政治态度、风险偏好等几个方面，描绘一下他们理想中的长期伴侣的样子。在消费维度上，受访者需要在 1 分（讨厌花钱）至 7 分（喜欢花钱）间进行打分。研究发现，受访者的“存钱罐 - 购物车测试表”评分与其理想伴侣的消费态度呈显著正相关。
7. 数据来自我与斯摩尔、芬克尔的研究 2。在 110 对夫妇中，有 108 对夫妇双方都完成了婚姻调适测试的第 14 题（“如果你可以重新生活……”）。在这里，如果至少有一方没有表示他们会选择与同一个人结婚，我就将这些夫妇标记为“有问题的”，否则标记为“幸福的”。在有问题的夫妇中，伴侣双方的“存钱罐－购物车测试表”得分的绝对差异为 7.00（标准差为 3.48），而幸福夫妇中，伴侣双方的“存钱罐－购物车测试表”得分的绝对差异为 4.68（标准差为 3.24），由此可见差异显著。

8. 在 97 对夫妇中，双方都完成了所有婚姻调适测试项目，伴侣双方的“存钱罐－购物车测试表”得分的绝对差异与他们的平均 MAT 得分呈显著负相关。伴侣的 MAT 得分彼此之间显著相关。

9. 在我与斯摩尔、芬克尔的研究 3 中，我们要求受访者对“我希望我能改变我配偶对金钱的态度”这一陈述进行评分。我的配偶在“存钱罐－购物车”维度上相对于我越高（即配偶的“存钱罐－购物车测试表”得分减去我的得分），我越支持这一陈述。换句话说，我的配偶相对于我越挥霍，我越希望他或她改变对金钱的态度。更多类似发现 , see Sonya L. Britt et al., “Tightwads and Spenders: Predicting Financial Conflict in Couple Relationships,” *Journal of Financial Planning* 30, no. 5 (2017): 40.

10. 杰弗里 · 德夫通过多种方式记录了这一点。see Jeffrey Dew, “The Association Between Consumer Debt and the Likelihood of Divorce,” *Journal of Family and Economic Issues* 32 (2011): 554–65.

11. 例如，在我和斯摩尔、芬克尔的研究 3 中，伴侣双方的“存钱罐－购物车测试表”得分的平均值（均值为 14.2，标准差为 2.8）与财务和谐度测量结果（如“在财务问题上，我和我的配偶意见一致”）呈负相关。同样，伴侣双方的“存钱罐－购物车测试表”得分的平均值与简化版 MAT 得分呈边际相关。

12. 使用上述研究 3 数据，我将财务和谐度测量结果回归到伴侣双方的“存钱罐－购物车测试表”得分的绝对差异与伴侣双方的“存钱罐－购物车测试表”得分的平均值上。两者均很显著。我还将简化版 MAT 得分回归到伴侣双方的“存钱罐－购物车测试表”得分的绝对差异与伴侣双方的“存钱罐－购物车测试表”

得分的平均值上。只有绝对差异能显著预测简化版 MAT 得分。

13. 见上述所说的研究 3 数据。我们有 61 对由存钱罐和购物车组成的夫妇、11 对由购物车和购物车组成的夫妇以及 33 对由存钱罐和存钱罐组成的夫妇的储蓄数据。之所以双方均为存钱罐的夫妇比双方均为购物车的夫妇更多，是因为《纽约时报》的调查样本中包括了更多的存钱罐而不是购物车。我们分析了所有 443 对夫妇的储蓄数据（即也包括那些至少有一方是无冲突消费者的夫妇）后发现，在“存钱罐 - 购物车”维度上，得分高的伴侣更具影响力。夫妇中，“存钱罐 - 购物车测试表”得分的最大值与夫妇储蓄至少 50 000 美元的可能性显著相关。而夫妇中“存钱罐 - 购物车测试表”得分的最小值与储蓄至少 50 000 美元的可能性无关。
14. 历史爱好者可能会想起爱尔兰共和军在暗杀玛格丽特 · 撒切尔未遂后所说的话：“今天我们运气不好，但请记住，我们只需要幸运一次。而你得永远走运才行。”
15. 例如，大石繁宏（Shigehiro Oishi）和埃琳 · 韦斯特盖特（Erin C. Westgate）识别了幸福生活、有意义生活与心理丰富生活之间的重要差异：Shigehiro Oishi and Erin C. Westgate, “A Psychologically Rich Life:Beyond Happiness and Meaning,” *Psychological Review*, August 12,2021.
16. 婚姻调适测试的第 12 题询问了受访者及其配偶更喜欢如何度过闲暇时间。如果双方都喜欢待在家里，受访者在该题得 10 分。如果双方都喜欢外出活动，受访者得 3 分。如果他们的偏好不同，则得 2 分。
17. 在上述研究 2 中，由存钱罐（男性，“存钱罐 - 购物车测试表”得分为 10 分）和购物车（女性，“存钱罐 - 购物车测试表”得分为 23 分）组成的夫妇的平均 MAT 得分为 152 分。最高得分为 158 分。

第 5 章 你的、我的、我们的钱

1. 我使用该术语，来描述金钱与其来源之间创造心理距离的行为。Erica L. Kirgios et al., “Forgoing Earned Incentives to Signal Pure Motives,” *Proceedings of the National Academy of Sciences* 117, no. 29 (2020): 16891–97.
2. Polly Phillips, “I Get a Wife Bonus and I Deserve It, so STFU,” *New York Post,* May 28, 2015. 正如文章所指出的，“妻子奖金”一词是由薇妮斯蒂 · 马丁（Wednesday Martin）在《我是个妈妈，我需要铂金包：一个耶鲁人类学博士的上东区育儿战争》（*Primates of Park Avenue*）中首次提出。
3. 简 · 帕尔 (Jan Pahl) 和同事们经常认为，家庭收入水平无法充分解释配偶双方对经济充裕或匮乏的主观体验差异。See, for example, Carolyn Vogler and Jan Pahl, “Money, Power, and Inequality Within Marriage,” *Sociological Review* 42, no. 2 (1994): 263–88.
4. 在禁止或严格限制夫妻开设联名账户的国家（如韩国），夫妻在管理家庭资金时更有可能做出不同决策。see Jungmin Lee and Mark L. Pocock, “Intrahousehold Allocation of Financial Resources: Evidence from South Korean Individual Bank Accounts,” *Review of Economics of the Household* 5 (2007): 41–58.
5. 在 2006 年对家庭收入低于 50 000 美元的美国已婚和同居夫妇的调查中，约 11% 的夫妇仅使用个人账户。在 2017 年对荷兰已婚和同居夫妇的调查中，10% 的夫妇仅使用个人账户。在 2000—2002 年英国队列研究的数据中，约 15% 的“处于固定关系”中的受访者表示他们“将所有的钱分开保管”。
   Fenaba R. Addo and Sharon Sassler, “Financial Arrangements and Relationship Quality in Low-Income Couples,” *Family Relations* 59, no. 4 (2010): 408–23; W. Fred van Raaij, Gerrit Antonides, and I. Manon de Groot, “The Benefits of Joint and Separate Financial Management of Couples,” *Journal of*

Economic Psychology 80 (2020): 102313; Joe J. Gladstone, Emily N. Garbinsky, and Cassie Mogilner, "Pooling Finances and Relationship Satisfaction," *Journal of Personality and Social Psychology* 123, no. 6 (2022): 1293–1314.

6. 这一数据范围基于以下研究结果：阿多等人在《低收入夫妇的财务安排与关系质量》中报告，61% ～ 64% 的夫妇只使用联名账户；范・拉伊等人在《夫妻联合与独立财务管理模式的优势》中提出，只使用联名账户的比例为 52%；格莱斯顿等人在《共同财产管理与关系满意度》中的研究显示，只使用联名账户的比例为 57%。
7. 见卡罗琳・基奇纳的文章《为什么越来越多的年轻已婚夫妇选择保留个人账户》（*Why More Young Married Couples Are Keeping Separate Bank Accounts*）。该文已发表于 2018 年 4 月 20 日的《大西洋月刊》。与佩平的说法一致，《美国银行 2018 年更优理财习惯千禧一代报告》（*Bank of America 2018 Better Money Habits Millennial Report*）发现，28% 的"千禧一代"伴侣会使用完全独立的个人账户，这一数字要远高于"X 世代"的 11% 和"婴儿潮一代"的 13%。
8. 珍妮・奥尔森、黛博拉・斯摩尔、伊莱・芬克尔和我让 507 名已婚受访者想象，他们的配偶在工作中获得了 1 000 美元奖金。我们让他们在 0 ～ 10 分测试表上标示出这笔钱的归属：0 分表示"这笔钱完全属于配偶"（即是"配偶的钱"），10 分表示"这笔钱属于双方共同所有"（即是"我们的钱"）。研究显示：与同时使用联名账户和个人账户的受访者相比，只使用联名账户的受访者更有可能将 1 000 美元视为"我们的钱"。与只使用个人账户的受访者相比，同时使用联名账户和个人账户的受访者更有可能将 1 000 美元视为"我们的钱"。Jenny Olson et al., "Common Cents: Bank Account Structure and Couples' Relationship Dynamics," *Journal of Consumer Research*, March 14,2023.
9. 我们不能排除遵守指示的夫妇和未遵守指示的夫妇在某些未观

察到的方面（即我们未测量的变量）存在差异的可能性。然而，在最重要的测量指标（关系满意度）上，遵守指示的夫妇与未遵守指示的夫妇在基线上没有差异。

10. 在实验结束时，只有 28% 的“不干预组”的伴侣（未收到任何关于如何管理金钱的指导）将他们的钱完全合并到一个联名支票或储蓄账户中。（大多数的伴侣在实验的第二年就这样做了。）这与早期研究中报告的高频率（52% ～ 64%）并不矛盾，因为这些研究关注的是在一起时间更长的夫妇。与早期研究一致，我们发现，最终仅使用联名账户的“不干预组”的伴侣在基线时的满意度略高于在整个实验中仅使用个人账户的“不干预组”的伴侣。
11. 主观性方法容易引发大量种族定性问题。For example,see Michelle Singletary, “Shopping While Black. African Americans Continue to Face Retail Racism,” *Washington Post,* May 17, 2018.

第 6 章　别问我，我就不会说谎

1. 见巴利 · 西格尔（Barri Segal）发表在 CreditCards.com 上的两篇文章。其中，《财务不忠调查：婚外经济活动呈上升趋势》（*Financial Infidelity Poll: Extracurricular Activity Is on the Rise*）发表于 2020 年 2 月 5 日；《51% 的千禧一代在金钱问题上欺骗过伴侣》（*51% of Millennials Have Duped Their Partners in Money Matters*）发表于 2021 年 2 月 8 日。总体而言，“财务不忠”是目前描述此类行为最常用的术语。
2. 公平地说，该问卷还涉及财务不忠中更显性化的其他问题，如“我有时假装在存钱，实际上并没有”。: Emily N. Garbinsky et al., “Love, Lies, and Money: Financial Infidelity in Romantic Relationships,” *Journal of Consumer Research* 47, no. 1(2020): 1–24.
3. 见埃尔金斯（Elkins）的《白手起家的百万富翁》（*Self-Made Millionaire*）。需要说明的是，据我所知，巴赫从未将自己描述为白手起家的百万富翁。

4. 1991 年,《纽约时报》关于金融教育的一篇头版报道引用了马丁·巴赫的话。Diana B. Henriques, "Students in a Class on Investments Say the Lessons Meant Big Losses," *New York Times,* May 26, 1991.
5. 见卡特里恩·芬肯奥尔和哈娜·哈扎姆的文章, "Disclosure and Secrecy in Marriage: Do Both Contribute to Marital Satisfaction?," *Journal of Social and Personal Relationships* 17, no. 2.
6. 乌伊萨尔等人报告了一个看似矛盾的模式：他们发现，"对伴侣的自我隐瞒"与关系满意度呈负相关。换句话说，隐瞒行为越多的人其关系满意度越低。然而，自我隐瞒测量本身可能已经隐含关系不满（如问卷条目中包含"我觉得我的伴侣并不真正了解我"），因此其结论的必然性存疑。更重要的是，即使不考虑测量工具的问题，这项研究也没有证明自我隐瞒会降低关系满意度。正如作者所承认的那样，关系不满可能会导致伴侣选择隐瞒。Ahmet Uysal et al., "The Association Between Self-Concealment from One's Partner and Relationship Well-Being," *Personality and Social Psychology Bulletin* 38, no. 1 (2012): 39–51.
7. 这一观点与英伯 - 布莱克在《家庭的隐秘生活》(*Secret Life of Families*) 中的第 151 页的表述非常相似，即避免"鲁莽地"透露秘密，而应进行"有计划的"透露。

第 7 章　礼物的秘密语言

1. Amie M. Gordon et al., "To Have and to Hold: Gratitude Promotes Relationship Maintenance in Intimate Bonds," *Journal of Personality and Social Psychology* 103, no. 2 (2012): 257–74. 这里我主要指的是表 2，该表显示受访者更强烈地同意"我感激我的伴侣"而不是"我经常告诉我的伴侣我有多感激他 / 她"。
2. 需要澄清的是，无线鼠标垫和充电器目前在 Things Remembered 的零售价为 30 美元，添加你伴侣的名字将额外花费 10 美元。

在第一个单词之后，每个额外的单词均要花 3 美元。

3. 我们知道，存钱罐在为自己购买可选商品时会感到痛苦，他们在送礼时是否也会感到痛苦？在《纽约时报》调查的一个版本中，我们向 374 名受访者提供了几个支出类别（如衣服、你最大的爱好），并要求他们以 1 分（“一点也不痛苦”）到 7 分（“非常痛苦”）的评分标准，指出在每个类别中花钱的痛苦程度。“存钱罐 - 购物车测试表”得分与“为家人或长期朋友购买礼物”的痛苦程度表现出微小但显著的负相关。这表明，存钱罐在送礼时会比购物车感到更痛苦。“存钱罐 - 购物车测试表”得分与购买其他商品的痛苦评分之间的相关性更大，如购买衣服、咖啡、茶、糕点等。这表明，购物车与存钱罐相比在为自己花钱时比为亲密的人购买礼物时会更容易感到痛苦。
4. 我主要担心的是，这个测验要求受访者做出许多看似不可能的比较。例如，“当我们分开一段时间后，她和我拥抱在一起”和“我听到她说我对她有多重要”，哪个更有意义？许多受访者可能会说，“谁知道呢！”然后就随便选了一个。事实上，《爱的五种语言》中列出的第一个常见问题是：“如果我找不到我的爱的语言怎么办？”（随机回答的人不会从测验中得到清晰、易于解释的结果。）从心理测量学的角度来看，最好呈现单一行为（如她送了我一份很好的礼物），并让受访者以 0 ～ 10 分的评分标准评价每个行为的意义。

第 8 章 存钱罐和购物车的孩子最终会怎样

1. 例如，特蕾西说：“售货员不知道我是小萨米 · 戴维斯的女儿，也不知道我有钱可花。”
2. 当参与儿童为男性时，场景中的主角也是男性（卢卡斯）。
3. 参与研究的亲子组合是从安娜堡地区招募的。其中，87% 的父母是女性，51% 的儿童是女性。
4. 每个参与者（儿童或父母）的消费建议以 0 ～ 1 分的评分标准进行评分。如果参与者明确表示花费 0 美元最好，则得 0 分；

如果明确表示花费 5 美元最好，则得 0.5 分；如果明确表示花费 10 美元最好，则得 1 分。在讨论过程中，一些参与者会在不同的建议之间摇摆不定。在这种情况下，他们的得分反映了他们建议的平均值。例如，如果参与者支持花费 0 美元的陈述有两次，支持花费 5 美元的陈述有一次，那么，其得分约为 0.167 分。

在 208 对亲子组合中，有 197 名儿童给出了可编码的建议。（在另外 11 对亲子组合中，儿童没有给出明确的建议，父母在进入下一个场景之前也没有进行最后确认。）在 197 对亲子组合中，有 59 名父母也给出了可编码的建议。对于父母和儿童都给出了可编码建议的这 59 对亲子组合，我们计算了两者之间的差异（父母的建议减去儿童的建议）。这个差异得分与父母的“存钱罐 - 购物车测试表”得分呈负相关。

5. 这些陈述必然是简单和宽泛的，因此儿童“存钱罐 - 购物车测试表”可能是衡量一些相关概念的混合体，如存钱罐、节俭和反物质主义。正如我们在论文中指出的那样，该测试表可能需要在未来的研究中进行一些改进。
6. 市场研究人员可能会想到默夫 · 戈德伯格（Marvin Goldbergen）等人的一篇重要论文，他们报告说，“物质主义倾向更强的父母，其子女的物质主义倾向也更强”。但需注意以下两点：该研究仅聚焦青少年（9 ～ 14 岁）群体，未覆盖其他年龄段；研究者未直接报告父母与子女物质主义得分的相关性，仅对比了父母物质主义得分处于上四分位与下四分位的子女差异（即高分组子女得分显著高于低分组），但未分析中间 50% 父母群体的子女情况。此方法虽暗示了关联性，但缺乏完整数据支撑，可能夸大了极端值影响。Marvin E. Goldberg et al., “Understanding Materialism Among Youth,” *Journal of Consumer Psychology* 13, no. 3 (2003): 278–88.
7. 哈特米等提供的证据表明，在整个青春期与父母同住的孩子在 17 岁时比在 9 岁半时更可能与父母的政治倾向（自由 - 保守）一致：Peter K. Hatemi et al., “Genetic and Environmental

Transmission of Political Attitudes over a Life Time," *Journal of Politics* 71, no. 3(2009): 1141–56.

8. 受访者在完成"存钱罐-购物车测试表"后，被问到了两个问题："以下哪个描述更符合你的母亲？（如果你不知道或问题不适用，请不要回答）"和"以下哪个描述更符合你的父亲？（如果你不知道或问题不适用，请不要回答）"。对于这两个问题，我使用了 1 ～ 11 分的评分标准，其中 1 分 = 存钱罐（花钱很难），6 分 = 差不多或两者都不是，11 分 = 购物车（控制花钱很难）。
9. 受访者的"存钱罐-购物车测试表"得分与其父母的"存钱罐-购物车测试表"得分总和的相关性为 $r(5\,445) = 0.16, p < 0.001$。
10. 一项元分析研究显示，本科 GPA 与毕业后工作表现的"上级绩效评分与专家绩效评分"之间存在 0.16 的相关系数。Philip L.Roth et al., "Meta-Analyzing the Relationship Between Grades and Job Performance," *Journal of Applied Psychology* 81, no. 5 (1996): 548–56.
11. 受访者的"存钱罐-购物车测试表"得分与其母亲的"存钱罐-购物车测试表"得分的相关性为 $r(5\,445) = 0.11, p < 0.001$。同样，受访者的"存钱罐-购物车测试表"得分与其父亲的"存钱罐-购物车测试表"得分的相关性为 $r(5\,445) = 0.11, p < 0.001$。顺便说一句，孩子们认为他们的父母在"存钱罐-购物车"维度上有微小的负相关性：$r(5\,445) = -0.03, p = 0.027$。
12. 在该项研究中，我以受访者的"存钱罐-购物车测试表"分数为因变量，对其年龄、父母的"存钱罐-购物车测试表"得分总和及两者的交互项进行了回归分析。显著正向的交互效应表明：当受访者年龄越大时，父母的"存钱罐-购物车测试表"得分对其"存钱罐-购物车测试表"得分的预测力越强；反之，年龄越小，则预测力越弱。
13. 其他解释也是合理的。例如，随着年龄增长，我们可能会更理解自己的父母。所以在年长的受访者中，父母与子女之间的联系可能显得更强，因为他们对父母有了更准确的理解。代际队列的故事也是合理的（例如，也许早期几代人生活在一起的时间更多)。

14. 顺便说一下,在写这本书时,我于2021年4月18日参加了一期《问问罗娜》的线上见面会,期间,我与杰西卡·查芬(饰演罗娜)简短交流了有关富有的女性从高档零售商处顺手牵羊的话题。杰西卡认为,有些零售商只是低调地联系其丈夫付费,而非大张旗鼓地处理此事。在关于盗窃的书中,作家兼戏剧教授瑞秋·施泰尔(Rachel Shteir)也有类似观察:"如果盗窃者很有钱,商店很少起诉。今天的小偷很可能就是明天的挥金如土的主顾。"我不知道是否存在杰西卡所描述的这种只要求丈夫付费的实例,这可能会是未来研究的一个好课题。
15. 在《反溺爱》一书中,罗恩·利伯建议:若子女对财务有好奇心,可"每月将信用卡和借记卡账单交给他们检视,允许其逐条询问交易细节"。他指出:"若你担忧这一做法,则需反思忧虑的本质。"正如本书第6章所述,尽管财务透明会给亲密关系带来一些好处,但笔者对此建议仍持保留态度。若仅公开夫妻个人账户的总额分配,而非交易细节,那样或许会更具可行性。

结语 不为金钱,不为爱情,为了幸福而结婚

1. 2022年5月26日,我在谷歌上搜索"永远不要为了爱情而结婚",得到了"约441 000个结果";搜索"永远不要为了金钱而结婚",得到了"约99 300个结果"。
2. 例如,斯蒂芬妮·库茨就在《婚姻简史》(*Marriage, a History*)中指出:"在欧洲,12世纪—13世纪期间,婚外情在上层阶级中被理想化为最高形式的爱情。"
3. 珍妮·奥尔森和我为我们的一个工作论文想出了这个标题,但在这里,我忍不住也想使用它。
4. 丹尼尔·卡尼曼与安格斯·迪顿(Angus Deaton)的研究指出,幸福感会"随收入增长而提升,但在年收入超过约75 000美元后不再显著增加"。然而,马修·基林斯沃思(Matthew A. Killingsworth)的数据显示,幸福感趋于平缓的收入阈值似

乎更高——但产生这种印象是因为“收入轴采用了对数转换”，所以呈现出了“幸福感与收入持续正相关”的假象。基兰·希利（Kieran Healy）通过线性收入轴重新绘图后证明，数据实际呈现的平缓趋势与卡尼曼的发现高度一致。希利说：“收入带来的幸福感在初始阶段急剧上升后，在多数可及的收入范围内增长几近于无。” Daniel Kahneman and Angus Deaton, “High Income Improves Evaluation of Life but Not Emotional Well-Being,” *Proceedings of the National Academy of Sciences* 107, no. 38 (2010): 16489–93; Matthew A. Killingsworth, “Experienced Well-Being Rises with Income, Even Above $75,000 per Year,” *Proceedings of the National Academy of Sciences* 118,no. 4 (2021): e2016976118; Kieran Healy, “Income and Happiness,” *Kieran Healy,* January 26, 2021.

5. 这是否意味着将收入从 175 000 美元降至 125 000 美元也不太可能对幸福感产生太大影响？遗憾的是并非如此。损失厌恶（以及直觉）表明，50 000 美元的收入减少比 50 000 美元的收入增加更有可能会对心理产生影响。

考虑到环保的因素，也为了节省纸张、降低图书定价，本书编辑制作了电子版的参考文献。请扫描下方二维码，直达图书详情页，点击“阅读资料包”获取。

扫码查看本书的参考文献

未来，属于终身学习者

我们正在亲历前所未有的变革——互联网改变了信息传递的方式，指数级技术快速发展并颠覆商业世界，人工智能正在侵占越来越多的人类领地。

面对这些变化，我们需要问自己：未来需要什么样的人才？

答案是，成为终身学习者。终身学习意味着永不停歇地追求全面的知识结构、强大的逻辑思考能力和敏锐的感知力。这是一种能够在不断变化中随时重建、更新认知体系的能力。阅读，无疑是帮助我们提高这种能力的最佳途径。

在充满不确定性的时代，答案并不总是简单地出现在书本之中。“读万卷书”不仅要亲自阅读、广泛阅读，也需要我们深入探索好书的内部世界，让知识不再局限于书本之中。

湛庐阅读 App：与最聪明的人共同进化

我们现在推出全新的湛庐阅读 App，它将成为您在书本之外，践行终身学习的场所。

- 不用考虑“读什么”。这里汇集了湛庐所有纸质书、电子书、有声书和各种阅读服务。
- 可以学习“怎么读”。我们提供包括课程、精读班和讲书在内的全方位阅读解决方案。
- 谁来领读？您能最先了解到作者、译者、专家等大咖的前沿洞见，他们是高质量思想的源泉。
- 与谁共读？您将加入优秀的读者和终身学习者的行列，他们对阅读和学习具有持久的热情和源源不断的动力。

在湛庐阅读 App 首页，编辑为您精选了经典书目和优质音视频内容，每天早、中、晚更新，满足您不间断的阅读需求。

【特别专题】【主题书单】【人物特写】等原创专栏，提供专业、深度的解读和选书参考，回应社会议题，是您了解湛庐近千位重要作者思想的独家渠道。

在每本图书的详情页，您将通过深度导读栏目【专家视点】【深度访谈】和【书评】读懂、读透一本好书。

通过这个不设限的学习平台，您在任何时间、任何地点都能获得有价值的思想，并通过阅读实现终身学习。我们邀您共建一个与最聪明的人共同进化的社区，使其成为先进思想交汇的聚集地，这正是我们的使命和价值所在。

Tightwads and Spendthrifts: Navigating the Money Minefield in Real Relationships by Scott Rick

浙江省版权局图字：11-2025-221

图书在版编目（CIP）数据

当存钱罐爱上购物车 /（美）斯科特·瑞克著；阳晓霞译 . -- 杭州：浙江科学技术出版社，2025. 9.
ISBN 978-7-5739-1969-4

Ⅰ. TS976.15-49

中国国家版本馆 CIP 数据核字第 20256NT124 号

书　　名	**当存钱罐爱上购物车**
著　　者	[美] 斯科特·瑞克
译　　者	阳晓霞

出版发行	**浙江科学技术出版社**
	地址：杭州市环城北路 177 号　邮政编码：310006
	办公室电话：0571－85176593
	销售部电话：0571－85062597
	E-mail:zkpress@zkpress.com
印　　刷	唐山富达印务有限公司

开　　本	880mm×1230mm　1/32	**印　　张**	9.25
字　　数	200 千字		
版　　次	2025 年 9 月第 1 版	**印　　次**	2025 年 9 月第 1 次印刷
书　　号	ISBN 978-7-5739-1969-4	**定　　价**	89.90 元

责任编辑	陈　岚	**责任美编**	曹莞君
责任校对	张　宁	**责任印务**	吕　琰